um
CORAÇÃO
PURO

Tom e Donna Cole

um CORAÇÃO PURO

A transformação da alma segundo o Sermão do Monte

Editora Quatro Ventos
Avenida Pirajussara, 5171
(11) 99232-4832

Diretor executivo: André Cerqueira
Editora-chefe: Sarah Lucchini
Gestora de Projetos: Acsa Q. Gomes

Tradução: Paulo Peres
Supervisão Editorial: Mara Eduarda Garro
Marcella Passos
Natália Ramos Martim
Equipe Editorial: Ana Paula Gomes Cardim
Brenda Vieira
Gabriella Cordeiro de Moraes
Giovana Mattoso
Hanna Pedroza
Hudson M. P. Brasileiro
Lucas Benedito
Milena Castro
Nadyne Campinas
Revisão: Paulo Nishihara

Equipe de Projetos: Ana Paula Dias
Débora Bezerra
Letícia Souza
Nathalia Bastos
Coordenação do projeto gráfico: Ariela Lira
Diagramação: Rebeca Gobor
Capa: Vinícius Lira

Todos os direitos deste livro são reservados pela Editora Quatro Ventos.

Proibida a reprodução por quaisquer meios, salvo em breves citações, com indicação da fonte.

Todas as citações bíblicas e de terceiros foram adaptadas segundo o Acordo Ortográfico da Língua Portuguesa, assinado em 1990, em vigor desde janeiro de 2009.

Todo o conteúdo aqui publicado é de inteira responsabilidade dos autores.

Todos os nomes citados são fictícios para a proteção dos envolvidos, salvo em casos de nomes reais autorizados legalmente pela própria pessoa citada.

Todas as citações bíblicas foram extraídas da Nova Almeida Atualizada (NAA), salvo indicação em contrário.

Citações extraídas do site *https://www.bibliaonline.com.br/naa*. Acesso em março de 2022.

Publicado em inglês por Broadman and Holman Publisher, Nashville, Tennessee. Título em inglês: Pure Heart: Restoration of the Heart through the Beatitudes - Cole, Tom; Cole, Donna. Copyright © 2008 da Broadman and Holman Publisher. Direitos cedidos pela Broadman and Holman Publisher à Editora Quatro Ventos.

1ª Edição: dezembro 2022

Catalogação na publicação
Elaborada por Bibliotecária Janaina Ramos – CRB-8/9166

C689

Cole, Tom

Um coração puro: a transformação da alma segundo o Sermão do Monte / Tom Cole, Donna Cole; Paulo Peres (Tradução). – São Paulo: Quatro Ventos, 2022.

Título original: Pure heart.

208 p.; 14 X 21 cm

ISBN 978-65-89806-41-7

1. Cura pela fé. 2. Restauração. 3. Alma. I. Cole, Tom.
II. Cole, Donna. III. Peres, Paulo (Tradução). IV. Título.   CDD 234.131

Índice para catálogo sistemático
I. Cura pela fé

SUMÁRIO

Introdução 13

01. Bem-aventurados os pobres em espírito:
a verdadeira pobreza 17

02. Bem-aventurados os que choram:
a ferida materna 37

03. Bem-aventurados os mansos:
a ferida paterna 63

04. Bem-aventurados os que têm fome e sede
de justiça: confissão 97

05. Bem-aventurados os misericordiosos:
a verdadeira feminilidade 115

06. Bem-aventurados os pacificadores:
a verdadeira masculinidade 133

07. Bem-aventurados os perseguidos:
o perdão 157

08. Bem-aventurados os puros de coração:
o verdadeiro eu 171

Referências Bibliográficas 197

ENDOSSOS

Em Mateus 5, Jesus explica a Sua estratégia para viver o Reino e trazer cura aos nossos corações. Tom e Donna passaram muitas horas se aprofundando nessa passagem, e devo dizer que encontraram ensinamentos valiosos como ouro em cada trecho. Unindo sua visão bíblica a décadas de experiência ministrando para pessoas que desejam um coração quebrantado, eles escreveram um livro que ajudará você a seguir a nobre jornada de transformação no Senhor. Eu recomendo *Um coração puro* a todos, pois Jesus chama cada um de nós para crescer em maturidade cristã e participar da expansão do Reino de Deus. Obrigado, Tom e Donna, pela contribuição de vocês nesta obra e por serem instrumento de cura para nossas almas.

- NATE OYLOE
Fundador e diretor do Agape First Ministries
[Primeiro Ministério Ágape]

Tom e Donna trazem esperança para pessoas ao redor do mundo. *Um coração puro* é uma bela leitura para descobrir quem nós somos e andar na liberdade que Jesus nos oferece.

- DAN BAUMANN
Palestrante internacional de renome e autor de
A beautiful way, Cell 58 e *A fresh look at fear*

Tive o prazer de trabalhar ao lado de Tom e Donna Cole durante as últimas três décadas. Conheço-os como pessoas que têm profunda compaixão pelos que buscam cura interior. Com base em ensinamentos bíblicos, eles apresentam uma perspectiva única para o trabalho de cura e renovo. *Um coração puro* é uma ferramenta inestimável, por meio da qual Deus trará restauração e libertação a diferentes áreas das nossas vidas.

- TRACEY BICKLE
Líder sênior da IHOPKC, pastora de restauração
e recuperação na Igreja Forerunner e autora de
*Chaos beneath the shade: how to uproot and
stay free from bitterness*

Tom e Donna Cole carregam um ministério poderoso de cura interior, que revela o amor de Jesus e leva as pessoas a um processo de transformação pessoal, restauração e libertação. *Um coração puro* é um guia que conduz o leitor a encontrar sua identidade, arrepender-se e viver o perdão do Senhor. Acredito que este é um dos ministérios de cura interior mais efetivos e duradouros dos dias de hoje, um grande presente para o Corpo de Cristo.

- AMY WARD
Líder do Jovens Com Uma Missão (JOCUM)

Tive o prazer de trabalhar com Tom e Donna Cole por mais de uma década e vi o ministério Pure Heart obter um impacto significativo em nossas escolas e comunidades. Este livro mostra a cura e a transformação pelas lentes do Sermão do Monte e reflete a essência do ministério "mão na massa" desse casal.

- ANDY BYRD
Membro da liderança da Universidade das Nações de Kona

Tom e Donna Cole providenciam um guia profundamente pessoal, perspicaz e bíblico, com o objetivo de curar as feridas de nossas almas. Como praticantes experientes da Palavra e participantes da graça de Deus, eles apresentam maneiras claras e práticas para convidarmos o Senhor a nos restaurar. Explorando as palavras de Jesus, expressas nas bem-aventuranças, esse casal tão especial nos ajuda a compreender o propósito, a graça, a cura e a restauração que o Senhor tem para nós. Com exemplos pessoais, perguntas ponderadas de reflexão e orações inspiradas pelo Espírito, somos convidados a estar na presença do Pai, para que Ele crie em nós um coração puro.

– RICKY CHELETTE
Diretor executivo do Living Hope Ministries
[Ministério Esperança Viva]

AGRADECIMENTOS

Primeiramente, agradeço ao meu Senhor, Jesus Cristo, por ter me resgatado de uma vida de pecado e ter me livrado da morte em novembro de 1986. Em segundo lugar, quero agradecer a Rosie e Ron Smith por me amarem apesar do meu pecado e orarem pela minha salvação. O amor e as orações de vocês me puxaram para a segurança dos braços de Jesus. Quero, também, agradecer à minha querida esposa, Donna, que me amou em meio às minhas fraquezas. Acredito honestamente que não estaria vivo hoje se não fosse por seu amor perseverante por mim e pelo seu Salvador. Você é a pessoa mais temente a Deus que conheço; é o meu amor.

Agradeço a Jerry McLaughlin e Steve Van Conant por terem me ensinado a ser homem e a me sentir confortável no universo masculino. A amizade de vocês é como uma "corda salva-vidas" para mim. Também quero agradecer a Andy Comiskey por seu trabalho inovador na cura de pessoas feridas em questões sexuais e relacionais.

Você abriu o caminho para muitos de nós. Também agradeço a todos os nossos amigos da Casa de Oração Internacional (International House of Prayer), em Kansas City. Suas orações e amor me ajudaram a escrever este livro. E, claro, tenho que agradecer a Jennifer Sansom, nossa editora. Sua competência tornou este livro bem melhor do que antes.

- TOM COLE

Quero agradecer a Jesus por me amar, acreditar em mim e nunca me deixar ir embora. Você é meu Amigo mais próximo e meu Amor. À minha mãe, obrigada por seu amor e pelo exemplo de temor a Deus que é para minha vida. Você tem buscado ao Senhor de todo o seu coração desde quando O conheceu. Às minhas amigas Brenda, que sempre esteve ao meu lado nos momentos bons e difíceis, e Cookie, cujo amor pelo Senhor é exemplar para mim; e a todas as minhas amigas "mães solteiras", que têm o trabalho mais difícil de todos, mas que, ainda assim, confiam no Senhor. Que Ele cuide do coração de vocês sempre. E, por último, ao meu marido, que sempre seguiu em frente com determinação e fez grandes coisas para o seu Deus. Você é um exemplo de liderança. Eu amo você.

- DONNA COLE

INTRODUÇÃO

Queremos lhe dar boas-vindas a uma jornada maravilhosa, rumo a um nível maior de plenitude. Essa caminhada, às vezes, pode ser difícil e dolorosa, mas sempre é gratificante. O que o Senhor mais deseja é trazer integridade ao Seu povo e remover tudo o que impede o amor. Este estudo destina-se a retirar os obstáculos que nos impedem de receber o amor de Deus e, assim, demonstrá-lo de maneira plena e saudável.

Quando Jesus pregou em Sua cidade natal, Ele leu a seguinte passagem:

> *O Espírito do Senhor está sobre mim, porque ele me ungiu para evangelizar os pobres; enviou-me para proclamar libertação aos cativos e restauração da vista aos cegos, para pôr em liberdade os oprimidos, e proclamar o ano aceitável do Senhor.*
> (Lucas 4.18-19)

Após a leitura, Ele disse às pessoas ali presentes: "[...] Hoje se cumpriu a Escritura que vocês acabam de ouvir" (Lucas 4.21). Esta é a missão e o maior desejo do Senhor: curar os quebrantados de coração e libertar os cativos e oprimidos. Salmos 147.3 nos diz que "Somente Ele cura os corações quebrantados e lhes pensa as feridas" (KJA). Receba esta verdade; saiba que o Senhor o ama e deseja que você seja livre para amar a Ele e aos outros.

Neste livro, examinaremos um dos sermões mais poderosos já pregados: o Sermão do Monte — e, mais especificamente, as bem-aventuranças. Essas oito proclamações são as chaves para vivermos a plenitude do cristianismo, e têm desafiado homens e mulheres de Deus nos últimos 2 mil anos da história cristã. Veremos como elas se relacionam conosco no que diz respeito à condição de nosso coração diante do Senhor e das pessoas. Porém, este livro não deve ser considerado como um estudo aprofundado das bem-aventuranças; é meramente uma perspectiva sobre uma passagem das Escrituras que é inesgotável em revelações.

Ao longo do livro, você lerá testemunhos de cura, tanto meus como de minha esposa. Para que seja mais fácil identificar de quem é a voz contando a história, colocaremos "Parte da história de Tom" ou "Parte da história de Donna" como subtítulos desses trechos.

Nós encorajamos você a ler cada capítulo em oração, fazer as orações propostas ao fim deles, responder às perguntas e permitir-se ir mais fundo em seu relacionamento com Deus. Peça ao Espírito Santo que Ele revele o que você precisa receber ou compreender a cada dia e, então, traga conforto, amor e segurança ao seu coração.

Alegre-se! Ele é o Deus da cura, e você é amado por Ele!

– TOM E DONNA COLE

Bem-aventurados OS POBRES EM ESPÍRITO: *A VERDADEIRA POBREZA*

01

"

*BEM-AVENTURADOS
OS POBRES EM ESPÍRITO,
POIS DELES É O REINO
DOS CÉUS.*

(MATEUS 5.3)

"

A palavra "bem-aventurado" conota uma promessa maravilhosa de felicidade, bênçãos, direito à grande prosperidade e contentamento sem fim. Uma boa definição para esse termo seria: "possuir uma satisfação interior e uma alegria que não são afetadas por circunstâncias físicas".[1] Os judeus a quem Cristo Se dirigia compreenderam a importância disso, afinal, a própria história do judaísmo é rica em narrativas sobre a persistência que muitos demonstraram a fim de receber as bênçãos de Deus. Agora, é importante lembrar-se de que as bem-aventuranças descritas no Sermão do Monte são condicionais, uma vez que, conforme as declara, Jesus determina de que forma podemos obtê-las.

BEM-AVENTURADOS OS POBRES

O Mestre começou o sermão com a seguinte promessa: "Bem-aventurados os pobres em espírito, pois deles é o Reino dos Céus" (Mateus 5.3). O que entendo imediatamente é que Cristo não estava dizendo que os pobres logo se tornariam ricos, prósperos, abençoados e repletos de felicidade aqui na Terra. Acredito que as promessas das bem-aventuranças têm parte de seu cumprimento nesta vida terrena, mas se realizarão, plenamente, no Reino que está por vir — quando Jesus voltar e governar esta Terra como Rei dos reis e Senhor dos senhores.

---

[1] John MacArthur, *The MacArthur New Testament Commentary*, 1985.

A palavra que Ele escolheu na primeira bem-aventurança, no Sermão do Monte, foi uma das duas existentes na língua grega para descrever "pobres". A primeira é *penes*, que se refere aos trabalhadores — aqueles que labutam pelo pão de cada dia e que, depois de comprarem suas escassas refeições, ficam sem nada, podendo apenas economizá-las na esperança de um futuro melhor. Para as pessoas de países desenvolvidos, pode ser difícil imaginar ou visualizar esse tipo de pobreza. Contudo, precisamos ter em mente que mesmo os homens mais ricos a quem Cristo Se dirigiu, naquela época, não tinham encanamento, banheiros, tampouco eletricidade em suas casas. Além disso, não havia água tratada para beber ou todos os tipos de alimento que quisessem para comer. Diante dessa realidade, os *penes* mal conseguiam comprar pão e algo de beber para suas famílias.

A VERDADEIRA POBREZA

Fato é que Jesus não tratou desse tipo de pobreza em Seu sermão. Em vez disso, escolheu a palavra grega *ptochos*, a qual significa "agachar-se", "curvar-se sob um fardo", "implorar" ou "ser absolutamente destituído de riquezas". *Ptochos* descreve uma pessoa que precisa de suprimento de alguém para sobreviver, em um estado de dependência, permanecendo à mercê daqueles a quem se curvou.

É assim que Deus espera que nos encontremos diante d'Ele, pois, além de ser um bom Pai, de quem podemos depender, confiando que não seremos frustrados, Ele é soberano. Por esse motivo, todos que O aceitam como Senhor devem, de fato, submeter-se à Sua vontade, sabendo que Ele cuidará de cada detalhe. Acredito que essa bem-aventurança trouxe esperança àqueles que eram mais pobres materialmente, ao mesmo tempo em que os exortou a se colocarem, também, em uma posição de pobreza espiritual — esse termo pôde, até mesmo, incluir os indivíduos mais abastados da época. Essa dependência completa vale para cada um de nós hoje, seja qual for a nossa condição. Devemos ir até o Pai, prostrar-nos aos Seus pés e receber o que Ele deseja nos dar.

Compreender que nada temos e que precisamos do Senhor como nossa fonte de provisão espiritual, física e emocional gera em nós um coração humilde. Assim, quando nos apresentamos diante d'Ele em oração, nós nos posicionamos da maneira como Jesus deseja, assumindo nossos pecados e a necessidade de remissão de cada um deles. Esse estado de sujeição é bem exemplificado pela Oração de Cristo, proposta pela Igreja Ortodoxa Oriental àqueles que não sabem como ou o que orar: "Senhor Jesus Cristo, Filho de Deus, tenha misericórdia de mim, um pecador".

Essa oração é baseada na passagem de Lucas 18, em que o Mestre contou uma história sobre a graça: vendo um cobrador de impostos no templo, o fariseu agradeceu a Deus por não ser como ele, um pecador. Enquanto isso, o publicano batia no peito e, sem conseguir olhar para o céu, dizia: "[...] Ó Deus, tem misericórdia de mim, um pecador" (Lucas 18.13 – A21). Então, Jesus afirmou que somente este segundo homem foi embora justificado, porque entendeu sua verdadeira condição em relação ao Senhor.

É evidente que, para os que estão em Cristo e buscam uma vida de santidade, sua nova natureza não equivale mais à de um pecador, apesar de, vez ou outra, poderem ainda estar sujeitos a cair em tentação. Assim, o que Jesus quis ilustrar com essa história foi justamente a necessidade de nos mantermos humildes diante de Deus. A humilhação pode não ser fácil para nós, pois nossa natureza é caída, e, a menos que estejamos em Cristo, cheios do Espírito Santo, tendemos a ser orgulhosos. Mas, quando nos prostamos diante do Pai e reconhecemos quem realmente somos, recebemos perdão dos nossos pecados e a recompensa de ter mais intimidade com Ele.

Certa vez, ouvi algo interessante a respeito disso, de quando um rabino disse a seus alunos: "antigamente, havia homens que viam a face de Deus". "Por que não veem mais?", um estudante perguntou. "Porque, hoje em dia, ninguém mais se prostra num nível tão baixo", respondeu.

PROSTRANDO-SE DIANTE DE DEUS

Uma maneira pela qual podemos ver a face de Deus é admitindo a necessidade que temos d'Ele. Para muitos de nós, isso seria sinônimo de ser fraco e detestável, pois queremos ser, ou ao menos parecer, fortes e independentes. No âmbito coletivo, o lema da sociedade ocidental é que podemos superar qualquer coisa e ter tudo o que buscamos. Por isso, estarmos cientes de nossas fraquezas e vulnerabilidades não é considerado uma virtude, segundo essa cultura.

Deus, no entanto, tem uma visão diferente. Quando Ele criou o mundo, viu que tudo era muito bom (cf. Gênesis 1.31). Mas, após formar Adão, constatou que ele estava sozinho e falou: "[...] — Não é bom que o homem esteja só [...]" (Gênesis 2.18). Embora Adão tivesse uma comunhão perfeita com Deus e andasse no jardim com Ele, o Senhor desejava oferecer-lhe algo mais, de acordo com Seus propósitos.

Então, Eva foi criada — alguém que compartilharia a vida, trabalho e prazer com Adão. Deus criou o homem para se relacionar com Ele e com seus semelhantes (cf. Gênesis 1.27-28), por isso há um desejo de comunhão dentro de cada um de nós. É esse anseio que nos leva a buscar o Criador, mesmo sem uma revelação completa de quem Ele é, e a nos conectar com as pessoas. Diante disso, compreende-se que carecemos de dois tipos de relacionamento: com Deus e com nosso próximo (cf. Mateus 22.37-39). Agora, vale mencionar que, quando o Senhor criou Adão e Eva, Sua vontade era que o ser humano encontrasse suas necessidades satisfeitas, primeiramente, em um relacionamento com Ele e, então, com os outros.

> UMA MANEIRA PELA QUAL
> PODEMOS VER A FACE DE DEUS
> É ADMITINDO A NECESSIDADE
> QUE TEMOS D'ELE.

O PECADO ENTRA EM CENA

Infelizmente, o primeiro homem e a primeira mulher se rebelaram contra Deus, e o pecado adentrou no mundo. Embora eles permanecessem com uma necessidade fundamental dentro de si, passaram a preenchê-la em desacordo com o desígnio do Criador. Notamos isso imediatamente depois que eles comeram da árvore do Conhecimento do Bem e do Mal, pois, de repente, perceberam que estavam nus e ficaram envergonhados. Só que, em vez de recorrerem Àquele que os criou, esconderam-se e cobriram sua nudez com roupas feitas de folhas de figueira (cf. Gênesis 3.7). Adão e Eva buscaram atender às suas necessidades legítimas (redenção) de maneiras ilegítimas (por esforços próprios), afastando-se do Senhor. Evidentemente, isso gerou consequências.

Boa parte dos cristãos já leu essa passagem, mas o que poucas pessoas sabem é que as folhas de figueira contêm substâncias que deixam a pele bem sensível e irritada, sendo a ferida resultante extremamente dolorosa. Então, nem preciso explicar. Sabendo onde colocaram essas folhas, deduzimos que eles, provavelmente, sentiram na pele a dor consequente de seus pecados.

Hoje em dia, fazemos praticamente a mesma coisa que Adão e Eva. Temos uma necessidade legítima, mas, muitas vezes, a satisfazemos de formas pecaminosas e viciantes. Recorre-se ao álcool, drogas, comida, relacionamentos não saudáveis, formas erradas de sexualidade (tanto heterossexualidade como homossexualidade) e inúmeras outras coisas, que geram grandes dores em nossas vidas.

RECONHECENDO NOSSO PECADO

Com isso, entendemos que necessitamos correr até o Senhor, que é o único capaz de nos redimir. Para tanto, o primeiro passo seria confessar nossos pecados; acontece que reconhecê-los não é algo natural, de modo que a maioria de nós tende a manter os delitos em segredo. Entretanto, não há como haver cura sem confissão. O Inimigo de nossas almas, Acusador dos nossos irmãos (cf. Apocalipse 12.10), quer que guardemos o pecado para nós mesmos, ao invés de o confessarmos, recebermos o perdão de Deus e sermos purificados (cf. 1 João 1.9). A sociedade e, infelizmente, até a Igreja (quando ainda não apresenta uma cultura saudável) nos levam a acreditar que expor as fraquezas é algo ruim.

A respeito disso, é essencial enfatizar, neste momento, como muitos homens e mulheres caem em um ciclo vicioso — lembrando que há diversas questões que impactam mais especificamente o sexo feminino; outras, o masculino; e outras, ainda, que afetam ambos. É comum que homens sintam a necessidade de parecer fortes, de modo que acabam tendo dificuldade para abrir o coração e expor suas vulnerabilidades, mesmo com pessoas de confiança. Para eles, pode ser um problema revelar quem realmente são por dentro. E, embora esses traços sejam da natureza masculina, as propagandas vistas diariamente acabam por reforçá-los de modo negativo.

O mundo da publicidade já sabe que, diferentemente da fraqueza, a força costuma vender bem; um bom exemplo disso são as antigas campanhas de cigarros. Inicialmente, eles eram considerados femininos, mas existia a intenção de expandir o mercado e atender aos homens. Foram criadas, então, campanhas publicitárias que mostravam um cowboy "durão", fumando. Depois disso, o foco das propagandas voltou-se para outros tipos de "homens fortes". Assim, a mensagem transmitida era a de que qualquer sinal de fraqueza conotaria falta de masculinidade, dificultando que homens (tratando do exemplo em questão) confessassem suas dificuldades e, até mesmo, seus pecados aos líderes espirituais, impedindo-os de abrir o coração diante do Senhor.

LEVANDO NOSSA NECESSIDADE A DEUS

A verdade é que todos nós, homens e mulheres, temos de superar o orgulho e qualquer questão que

COMPREENDER QUE NADA TEMOS E QUE PRECISAMOS DO SENHOR COMO NOSSA FONTE DE PROVISÃO ESPIRITUAL, FÍSICA E EMOCIONAL GERA EM NÓS UM CORAÇÃO HUMILDE.

dificulte o quebrantamento e a rendição diante de Deus. Devemos reconhecer nossas necessidades como legítimas e levá-las a Ele, contando, quando necessário, com a ajuda de pessoas de confiança e tementes à Sua Palavra. O Senhor nos convida a trazer nossas fraquezas à luz e descobrir que, nelas, Ele é forte (cf. 2 Coríntios 12.9-10), de modo que não precisamos nos envergonhar. Todos estamos destituídos da glória de Deus (cf. Romanos 3.23). Fora de Sua graça, não há esperança, mas Ele nos capacita a nos achegarmos "[...] com toda a confiança ao trono da graça, para que recebamos misericórdia e encontremos o poder que nos socorre no momento da necessidade" (Hebreus 4.16 – KJA).

O apóstolo Paulo aprendeu bem essa lição. Em 2 Coríntios 12.2-4, ele relata sobre um homem a quem o Senhor concedeu que tivesse visões incríveis e até mesmo que fosse ao Céu — especula-se que ele esteja se referindo, na verdade, a si mesmo. Para que não se tornasse orgulhoso perante a grandeza dessas revelações, Deus permitiu que uma fraqueza (um espinho na carne, como ele narra) atormentasse sua vida (cf. 2 Coríntios 12.7). Ele orou três vezes para que fosse removida, mas Deus não a retirou. Em vez disso, disse a Paulo: "[...] A minha graça é o que basta a você, porque o poder se aperfeiçoa na fraqueza [...]" (2 Coríntios 12.9). Que declaração poderosa! Talvez pareça que ela traz uma ideia contraditória, quando pensamos com a lógica humana, mas a Palavra esclarece que é Deus Quem nos fortalece, à medida que nos submetemos a Ele.

O Senhor é glorificado nas fraquezas, porque elas proporcionam oportunidades para mostrar Sua força em nossas vidas. É por isso que Paulo pôde dizer:

> *[...] De boa vontade, pois, mais me gloriarei nas fraquezas, para que sobre mim repouse o poder de Cristo. Por isso, sinto prazer nas fraquezas, nos insultos, nas privações, nas perseguições, nas angústias, por amor de Cristo. Porque, quando sou fraco, então é que sou forte.* (2 Coríntios 12.9-10)

Devemos nos tornar pobres em espírito se quisermos ser fortalecidos pelo Senhor.

PARTE DA HISTÓRIA DE TOM

Minha história antes de aceitar a Cristo foi de uma vida desesperadora. Fui rejeitado por meu pai e colegas, molestado por dois homens, e não me sentia verdadeiramente amado. O vazio que isso deixara no meu coração era muito grande, e eu procurei preenchê-lo de muitas maneiras erradas: por meio da bebida, drogas, relacionamentos homossexuais, vícios em sexo e comida. Contudo, nenhuma dessas coisas supria o que faltava em mim.

Recebi a Cristo como meu Salvador em novembro de 1986, quando tive, pela primeira vez, um encontro com Ele. Imediatamente, Jesus começou a me curar das feridas do passado e a me guiar para uma vida de santidade; então, percebi o quanto precisava do Senhor.

No entanto, esse processo não foi fácil, especialmente em uma área da minha vida: a sexual.

Quando li a lista de pecados que nos afastam do Reino dos Céus, em 1 Coríntios 6.9, notei que a homossexualidade estava incluída; foi quando senti meu estômago revirar. Na época, eu nunca havia escutado sobre alguém que abandonara esse pecado. Até onde sabia, eu tinha nascido com isso e continuaria dessa forma. Só que, ao continuar a leitura, fui impactado pelo versículo 11, ainda no capítulo 6 de 1 Coríntios, que diz: "Alguns de vocês eram assim [...]" (ênfase aqui). Estava escrito que eles **eram** assim, no passado, e estavam sendo exortados para que não caíssem nesses erros novamente. Lendo isso, pela primeira vez, tive esperança de ser restaurado, mesmo percebendo que haveria dificuldades. Notei que havia homossexuais na cidade de Corinto, bem como pessoas lutando contra outras tentações, isso há quase 2 mil anos. Contudo, eles haviam **mudado**. Eu não tinha ideia de como faria isso, mas estava esperançoso.

Cerca de dois meses depois de aceitar a Cristo, participei de um café da manhã de oração dos homens. Notei dois outros irmãos, que eu suspeitava terem um passado semelhante ao meu. Então, fui falar com eles, e me perguntaram se eu era novo na igreja. Respondi: "Sim, sou recém-convertido. Fui salvo há dois meses e abandonei a homossexualidade".

Eles ficaram espantados, e um deles me disse: "Irmão, não diga isso às pessoas. Eu também abandonei a homossexualidade. Se você contar isso para os outros, os homens vão parar de abraçá-lo, e as mulheres o evitarão. Confie em mim e não fale isso a ninguém". Ele já havia rejeitado a homossexualidade há um bom tempo, e agora estava casado e feliz. Então, acreditei, segui seu conselho e, durante os meses seguintes, não contei a ninguém sobre minha luta. Mas ela não se tornou mais fácil, e eu estava me sentindo muito sozinho. Finalmente, ignorei aquela sugestão e comecei a me abrir com outros crentes em minha igreja.

Para minha surpresa, deparei-me com uma reação diferente daquela sobre a qual havia sido alertado. As pessoas se esforçaram para me cumprimentar e orar por mim, e os homens passaram a me abraçar mais. Eles me diziam que, mesmo não entendendo meu conflito, estavam disponíveis para me ajudar no que eu precisasse. Por meio desse amor e apoio, pude caminhar mais livremente do que jamais imaginei; inclusive, foi somente ao compartilhar minhas fraquezas com irmãos e irmãs em Cristo, mais maduros e tementes a Deus, que pude encontrar liberdade e força para continuar esse processo de cura e restauração.

Portanto, seja qual for a sua luta, você não precisa vencê-la solitariamente. Pelo contrário, o Senhor nos chamou para carregarmos os fardos uns dos outros (cf. Gálatas 6.2). Devemos levá-los primeiro a Deus, reconhecendo-nos fracos diante d'Ele e tornando-nos pobres em espírito. Depois, podemos recorrer à ajuda uns dos outros. Fomos criados para um relacionamento

> **FOMOS CRIADOS PARA UM RELACIONAMENTO VERTICAL COM DEUS, E HORIZONTAL COM AS PESSOAS. PRECISAMOS D'ELE E DE NOSSOS IRMÃOS, ASSIM FUNCIONA UMA VERDADEIRA COMUNIDADE.**

vertical, com Deus, e horizontal, com as pessoas. Precisamos d'Ele e de nossos irmãos — assim funciona uma verdadeira comunidade.

RECEBENDO O REINO DOS CÉUS

Jesus prometeu àqueles que são pobres (necessitados e que se prostram) que "[...] deles é o Reino dos Céus" (Mateus 5.3). Essa é uma promessa grandiosa, afinal, o Mestre está falando tanto do Reino que está em nosso meio agora (cf. Lucas 17.21), como do Reino que um dia virá em plenitude (cf. Mateus 4.17; Apocalipse 21.1-3).

Conforme reconhecemos que precisamos de Deus e nos apresentamos diante d'Ele com um espírito quebrantado, Ele nos fortalece e revela mais da Sua vontade a nós. Essa maravilhosa conexão faz com que Seu Reino de paz, alegria, esperança e amor preencha nossos corações — Reino este que não terminará nesta vida. Portanto, peça ao Senhor que conduza você a uma rendição total perante a Sua face e que o torne pobre em espírito. Assim, você será parte, com Ele e por Ele, do Reino que está por vir e terá um coração livre ainda hoje.

FAÇA ESTA ORAÇÃO

Senhor, estou me tornando dolorosamente consciente da minha necessidade. Há lugares em meu coração que estão vazios, cheios de medo e escuridão.

Recorri a _____

_____

_____

[mencione as coisas que aprisionam você], *em uma tentativa de preencher lacunas em meu ser e atender às minhas necessidades. Eu as tenho satisfeito de maneiras ilegítimas. Perdoe-me, Pai. Peço que preencha o vazio, que me ajude a abrir meu coração cada vez mais ao Senhor e que me dê graça para abandonar o falso conforto. Por favor, derrube as paredes que construí como proteção.*

Ajude-me a reconhecer minhas fraquezas e necessidades, e a ser verdadeiro diante do Senhor e dos outros. Eu O convido a entrar em minha vida e realmente mudar tudo o que for preciso. Em nome de Jesus, amém.

PARA REFLETIR

1. Que fraqueza Deus está trabalhando em sua vida neste momento? Em quais áreas você percebe que precisa se render mais profundamente a Ele?

2. O que impede você de ser verdadeiro diante do Senhor e dos outros?

3. Qual é a sua "folha de figueira"? O que você procura para conforto e segurança: comida, álcool, drogas, sexo, pornografia etc.?

Bem-aventurados OS QUE CHORAM:
A FERIDA MATERNA

02

> BEM-AVENTURADOS OS QUE CHORAM, PORQUE SERÃO CONSOLADOS.
>
> (MATEUS 5.4)

A palavra traduzida como "chorar", em Mateus 5.4, vem do termo grego *pentheo*, usado no Novo Testamento para expressar pesar ou luto. Podemos explicá-lo como "entristecer-se com uma dor que toma posse de todo o ser e não pode ser escondida".[1] Ou seja, essa palavra expõe o sofrimento que experimentamos, por exemplo, quando perdemos uma pessoa amada ou somos feridos por alguém muito querido por nós.

É verdade que aflições e angústias fazem parte da nossa vida na Terra, contudo, o Pai não espera que vivamos em constante agonia. Por isso, precisamos nos lembrar de que Cristo nos instruiu a termos bom ânimo, pois Ele venceu o mundo (cf. João 16.33) e nos deu o Seu Espírito para nos oferecer conforto (cf. João 14.16). Deus quer que vivamos com integridade e deseja nos consolar, restaurar e curar as áreas feridas de nossos corações, principalmente aquelas causadas pelas pessoas mais próximas. Afinal, nossas dores podem ser ocasionadas em diversas circunstâncias, mas os traumas mais dolorosos costumam partir daqueles com quem temos maior intimidade.

---

[1] Richard Chenevix Trench, *Synonyms of the New Testament*, 1973, p. 238.

O PROPÓSITO DE DEUS PARA OS PAIS

Um fator que nos influencia grandemente — e, portanto, pode nos machucar de modo significativo — é a relação que nutrimos com nosso pai e nossa mãe. A intenção de Deus era que tivéssemos pais perfeitos e sempre presentes, porém, a partir da Queda, isso se tornou impossível. Quando desobedeceram ao Senhor, comendo do fruto proibido, Adão e Eva (conscientemente ou não) deturparam suas habilidades parentais (e as de todos os pais que viriam depois). Por conseguinte, aqueles que cuidaram de nós desde a infância, sendo eles nossos pais biológicos ou pessoas que assumiram esse papel, também não eram perfeitos. Apesar disso, podemos aprender muito sobre o Senhor por meio do papel que eles exerceram em nossas vidas desde cedo. Como parte do plano original, nossas mães e pais devem nos ensinar a receber amor, bem como crescer e viver em maturidade. De forma complementar, eles expressam aspectos diferentes do caráter de Deus; por isso essas duas figuras são tão importantes para nós.

Fomos feitos, individualmente, à imagem do Senhor: "E Deus disse: — Façamos o ser humano à nossa imagem, conforme a nossa semelhança [...] à imagem de Deus o criou; homem e mulher os criou" (Gênesis 1.26-27). Isso significa que, ao formar Adão e Eva, o Pai depositou Suas características em cada um. Note, por exemplo, que Ele nos alimenta e nutre com Sua Palavra e Espírito: uma mãe que amamenta o bebê se assemelha a Deus ao fazer isso, uma vez que sustenta fisicamente seu pequeno. O Senhor também é Provedor de tudo quanto precisamos para crescer de forma saudável (cf. Mateus 7.11), assim como um pai deve ser. Quando pais refletem quem o Criador é, aproximando-se de Sua vontade para cumprir seus papéis de acordo com a Palavra, tornam-se expressões d'Ele para os filhos.

AMOR DE MÃE

Por intermédio de nossos pais e mães, o Senhor nos ensina a dinâmica de **ser** e **receber**. "Ser" conforme nossa verdadeira essência e "receber" aquilo de que precisamos para vivermos dias abundantes e saudáveis em todos os aspectos. Isso se mostra, por exemplo, pelo fato de que as mães são, ou deveriam ser, uma de nossas principais fontes de vida, amparo, carinho e ternura aqui na Terra.

A própria Palavra revela esse processo em Salmos 22.9-10, que diz:

> *Contudo, tu és quem me fez nascer; e me preservaste, estando eu ainda ao seio de minha mãe. A ti me entreguei desde o meu nascimento; desde o ventre de minha mãe, tu és o meu Deus.*

Em Sua sabedoria, o Pai Celestial projetou nossas vidas para que os primeiros nove meses fossem passados na segurança e no calor do ventre materno, recebendo os nutrientes necessários para vivermos.

O choro do bebê, no instante em que chega ao mundo, anuncia sua necessidade de se alimentar nos seios da mãe e estar próximo a ela. O sentimento de intimidade, aconchego e segurança de seus braços, bem como seu olhar carinhoso, faz com que o pequeno tenha a sensação de pertencimento, ao receber amor incondicional. Assim, o colo materno se torna um lugar onde ele se sente protegido. Se pararmos para refletir, a simples imagem de um bebê mamando nos remete a conforto, afeto e cuidado. Nesse sentido, essa é uma forte representação daquilo que Deus nos proporciona: um lugar em Sua família e refúgio em Seu colo, onde não há espaço para a rejeição.

Em grego, há quatro palavras diferentes para se referir ao amor, enquanto em inglês — e em português — há apenas uma, que expressa diversos tipos de relacionamento (com o cônjuge, familiares, Deus etc.), além de enfatizar, também, o apreço por determinadas coisas (sorvete, por exemplo). Na língua grega, o amor de mãe é conhecido como *storge* e denota fortes afeições naturais. Trata-se de uma dedicação e um zelo sacrificial, perceptíveis especialmente no cuidado de uma mulher com seus filhos desde os primeiros estágios.

No início da vida, por exemplo, já podemos perceber o amor maternal por meio de três maneiras: (1) toque, (2) contato visual e (3) tom de voz (não apenas palavras, como ao dizer "eu amo você", pois bebês não entendem o que falamos, mas a entonação que usamos). Assim, devemos nos perguntar: quando éramos pequenos, ouvíamos uma voz doce de nossas mães ou gritos constantes (por estarem, talvez, sobrecarregadas)? Diante de nossas necessidades, éramos atendidos ou repreendidos para que ficássemos quietos e parássemos de chorar? Aprendemos a nos sentir confortáveis no colo materno?

A CONSCIÊNCIA DOS BEBÊS EM RELAÇÃO ÀS EMOÇÕES

Pensar que há mágoas e feridas em nossos corações desde um estágio tão inicial de nossas vidas (enquanto ainda éramos gerados) pode parecer estranho, mas bebês têm mais consciência do que imaginamos. Lemos na Palavra que, no ventre, Jacó e Esaú lutaram por seu direito de primogenitura (cf. Gênesis 25.22-26), assim como os gêmeos a quem Tamar deu à luz, que também lutaram por esse posto (cf. Gênesis 38.27-30).

A partir dessas passagens, podemos compreender que, desde o útero, os bebês já têm consciência; eles percebem todos os estímulos externos e os recebem de forma indireta. No corpo da gestante, uma série complexa de reações químicas e hormonais gera emoções que impactam o filho. Quando uma pessoa sente medo, ansiedade ou depressão, por exemplo, hormônios e substâncias químicas são liberados através de sua corrente sanguínea;

e, no caso de uma mãe, tudo isso passa pelas paredes da placenta e chega ao bebê. Portanto, aquilo que ela sente também repercute na criança em algum nível. Se ela estiver ansiosa ou depressiva, por exemplo, é possível que seu filho tenha essas mesmas sensações. E esse pode ter sido o caso de muitos de nós; talvez tenhamos sido afetados pela rejeição ainda no útero materno, pois ali já conseguíamos perceber se éramos desejados ou não.

NOSSA NECESSIDADE DE AMOR

Considerando tudo isso, entendemos que seria bem mais fácil aceitarmos o amor de Deus se tivéssemos o afeto de nossos pais e confiássemos neles. O problema é que, muitas vezes, eles até nos supriram quanto às nossas necessidades materiais, mas não fizeram o mesmo a respeito de nossas demandas emocionais. Essa carência, no entanto, não é da vontade do Senhor, pois, desde o início de nossa existência, Ele desejou que os pais fossem como um presente para nós, ajudando-nos, instruindo e, especialmente, amando-nos e ensinando acerca de uma vida cheia de acolhimento.

Deus é amor, então faz sentido que nós, feitos à Sua imagem e semelhança, amemos uns aos outros (cf. 1 João 4.7). Infelizmente, a iniquidade dos nossos antepassados trouxe devastação à vida de nossas mães e pais, e, consequentemente, às nossas. Por conta do pecado, o que acaba acontecendo, muitas vezes, é aquilo que o ditado diz: "Pessoas feridas ferem pessoas". Ou seja, é possível que nossos pais tenham agido a partir de suas próprias dores, e não pelas palavras do Senhor; assim, por conta de seus traumas, amaram-nos de modo disfuncional. Nós acabamos feridos em decorrência do que eles passaram anteriormente.

Contudo, a verdade é que o Pai não nos criou para sofrermos, e sim para sermos amados, inclusive com o amor *storge*, que traz paz, descanso e conforto. Nesse tipo genuíno de afeto, nossos corpos físicos e nossas emoções tornam-se saudáveis. Por outro lado, se não sentirmos o toque carinhoso de nossos pais, não ouvirmos seu tom de voz suave e não pudermos desfrutar de um olhar cuidadoso, acabaremos, provavelmente, permitindo que, no futuro, sejamos amados da maneira errada.

Se, quando éramos pequenos, não fomos verdadeiramente amados, não nos sentimos queridos ou nossos pais não demonstraram sentimentos afetuosos, é bem provável que busquemos outros prazeres para minimizar o desconforto e preencher o vazio deixado por tal negligência. Procuraremos, então, qualquer coisa que nos proporcione algum alívio, ainda que momentâneo, como álcool, drogas, sexo, masturbação, pornografia, relacionamentos perigosos na internet, jogos de azar e outras formas de falso bem-estar. Recorreremos, até mesmo, a exageros na alimentação e entretenimentos aparentemente inofensivos, como o tempo gasto vendo filmes ou séries.

DEUS É AMOR, ENTÃO FAZ SENTIDO QUE NÓS, FEITOS À SUA IMAGEM E SEMELHANÇA, AMEMOS UNS AOS OUTROS.

PARTE DA HISTÓRIA DE DONNA

Minha mãe cresceu em um lar abusivo e se casou logo após terminar o Ensino Médio, na tentativa de fugir dessa situação. Porém, em sua nova casa, os mesmos padrões de conflito, ansiedade e tensão se repetiram. Meu pai era exageradamente exigente e abusava, verbal e fisicamente, da minha mãe, das minhas irmãs e de mim, de modo que vivíamos com medo dele. A pressão que eu recebia, especialmente, era ainda maior do que minhas irmãs; nada do que eu fazia parecia ser suficiente para meus pais.

Quando eu tinha oito anos, eles se divorciaram e fiquei com minha mãe. Ela sentiu que poderia finalmente viver como sempre quis; e, a partir de então, nossa casa passou a estar sempre cheia de festas, drogas e sexo. Pouco tempo depois, ela se casou com um rapaz de dezoito anos, que não se importava com as três menininhas que "faziam parte do pacote". Meu pai era abusivo, mas esse homem era dez vezes pior. Muitas vezes, pensávamos que ele chegaria a nos matar. E isso, definitivamente, não era coisa da cabeça de crianças inocentes: hoje, ele está no corredor da morte[2] pelo assassinato de duas pessoas.

Ela se divorciou novamente e se casou com outro homem, um alcoólatra que, além de não trabalhar, molestava a mim e às minhas irmãs quando nossa mãe não estava em casa. Lembro-me de acordar no meio da noite e me deparar com carícias inapropriadas. Eu chorava, clamando em pensamento: "Deus, por favor, ajude-me. Por favor, faça alguém voltar para casa logo, para que ele pare com isso".

Após se divorciar também deste outro marido, minha mãe não se casou com nenhum dos homens que conheceu. Vários entraram e saíram de nossas vidas, e muitos maltrataram a mim e minhas irmãs, olhando-nos com indecência ao passo que crescíamos. Mas um deles, J. C., foi diferente dos outros. Ele era gentil com nossa família e até nos deu presentes de Natal (não os recebíamos com frequência). Nossa mãe, no entanto, tinha dificuldades para lidar com um homem genuinamente bom, pois não havia aprendido a ter amor-próprio; para ela, não era fácil imaginar que alguém a amaria de verdade, e isso fez com que ele nos deixasse.

No dia da sua partida, peguei uma caneta e escrevi, com raiva, em todos os presentes de Natal que ele havia nos dado: "de J. C.". Fiz um voto interno naquele momento: prometi a mim mesma que nunca mais confiaria em alguém. Posso dizer que, na medida do

---

[2] N. E.: área da prisão onde o detento aguarda a execução da sua sentença de morte.

possível, soube lidar razoavelmente bem quando os outros homens foram embora; mas, quando J. C. partiu, cheguei ao meu limite e disse a mim mesma: "Chega! Não aguento mais!".

Esse fluxo de entrada e saída me levou a uma busca por amor em fontes que não poderiam proporcioná-lo de forma genuína. Aos dezoito anos, iniciei um relacionamento com um homem mais velho do que eu; depois de um tempo, terminamos o namoro e comecei a trabalhar com um grupo de lésbicas que me tratavam muito bem. Apesar do voto interno que fiz quando J. C. foi embora, valorizei a gentileza que demonstravam e, então, fui morar com uma delas; mas logo avisei que eu não era "desse jeito". No entanto, com o tempo, cedi à vida de homossexualidade que ela me oferecia. Decidi que aquela seria a minha verdade; que havia nascido daquele modo e não poderia mudar; estava convicta dessa minha identidade recém-descoberta. Porém, a mulher com quem eu estava me relacionando me deixou, o que me fez fugir de um relacionamento lésbico para outro, em um ciclo que só gerou ainda mais feridas em mim.

Isso se deu até que, um dia, dei um passo em direção ao Senhor e o ciclo de dor, que vivi por tanto tempo, começou a se romper. Eu tinha apenas dezenove anos quando me ofereceram um estágio como técnica de laboratório (havia feito faculdade de Robótica e me destacado). Fui a primeira mulher a ocupar esse cargo na empresa. O trabalho era difícil e meus relacionamentos não iam bem, por isso eu sofria bastante, sentindo-me completamente abandonada. Em certa ocasião, essa sensação me impulsionou a entrar no banheiro do trabalho e fazer uma oração sincera pela primeira vez. Eu disse: "Deus, preciso da Sua ajuda, não consigo mais lidar com tudo isso sozinha. Por favor, mostre-me o que é a vida. Quem é Jesus? O que realmente importa?". O Senhor ouviu minha oração naquele instante, mas respondeu de uma maneira que eu não esperava.

Quando chegou a Sexta-feira Santa, perguntei à minha mãe se poderíamos ir à missa (fomos criadas como católicas, embora não praticantes). Os católicos, tradicionalmente, passam um tempo em silêncio nessa data, do meio-dia às três da tarde, para trazer à memória o período em que Cristo estava na cruz. De repente, tive vontade de estar lá naquele momento. É provável que minha mãe tenha pensado: "Ir à igreja? Quem? Minha filha gay e rebelde?". Mas, de todo modo, arrumou minhas irmãs mais novas e fomos à missa.

Ao entrar, tive uma sensação estranha, uma tristeza, como se tem quando alguém morre. Pensei: "Isso é esquisito. Nunca senti algo ao entrar numa igreja". No altar, havia uma cruz de madeira vazia. Às três horas da tarde, todos se colocaram diante dela, ajoelharam-se e se benzeram em memória da morte de Cristo. Mas, quando me sentei no banco e olhei novamente para a cruz, ela não estava vazia: eu enxergava um homem pendurado.

Ninguém havia me falado sobre visões antes, e eu nunca tivera uma. Contudo, via Jesus na cruz, e naquele momento as coisas passaram a fazer sentido para mim. Entendi: "É por isso que vamos à igreja. É tudo sobre Ele, Jesus". Mesmo chorando muito, esforcei-me para esconder as lágrimas, afinal, não queria que minha mãe pensasse que eu estava doida ou drogada. Quando chegou a minha vez de ir até a cruz, continuei chorando. Hoje, sei que o sentimento que tive foi o de arrependimento. Voltei para o banco, ajoelhei-me e escondi o rosto. Foi quando o Senhor falou comigo.

Durante toda a minha vida, Deus parecera distante. Naquele dia, porém, eu sentia que Ele estava bem perto de mim, dizendo: "Você procurou amor em muitos lugares, mas não precisa mais fazer isso, Eu a amo verdadeiramente e morri por seus pecados". Ninguém nunca havia me dito que o Pai me amava. E, além de afirmar isso, Ele não apontou os meus pecados (principalmente o que dizia respeito à minha homossexualidade). Em vez disso, ofereceu-me a segurança e acolhimento de Seu colo.

Depois desse encontro com o Senhor, nunca mais fui a mesma. Ao longo da minha vida, eu havia visto crentes pecarem e muitos deixarem a igreja, mas o amor revelado a mim naquele dia foi tão grande que mudei completamente. Decidi que jamais O deixaria, que nunca mais beberia ou fumaria maconha. Eu tinha, também, a convicção de que minha verdadeira identidade sexual estava sendo restaurada, de modo que abandonaria a homossexualidade. Claro que a jornada rumo à plenitude no Senhor não terminou tão rapidamente; pelo

QUANDO PAIS REFLETEM QUEM O CRIADOR É, APROXIMANDO-SE DE SUA VONTADE PARA CUMPRIR SEUS PAPÉIS DE ACORDO COM A PALAVRA, TORNAM-SE EXPRESSÕES D`ELE PARA OS FILHOS.

contrário, entrei, junto ao Pai, em um processo de renovo de mentalidade e cura do meu coração.

Um tempo depois, ouvi falar de algumas doces senhoras católicas que ministravam cura interior. Não tinha certeza se acreditava nisso, mas, quando vi que as pessoas que recebiam oração demonstravam ter paz e alegria, permiti que orassem por mim.

Como meu pai, padrastos e outros homens tinham sido horríveis comigo, pensei que minha cura interior seria principalmente para tratar do abuso que minhas irmãs e eu havíamos sofrido por parte deles, mas Deus me fez perceber que meu maior problema não era com aqueles homens, e sim com minha mãe. O motivo disso é que ela nunca havia me protegido, sendo que, como mãe, deveria fazer tudo o que estivesse ao seu alcance para nos proporcionar segurança.

No meu processo de cura, o Senhor me mostrou que eu precisava abandonar os ressentimentos que tinha em relação a ela e toda mágoa que havia em meu coração. Ao perdoá-la, senti paz, e minha realidade passou a ser restaurada. Surpreendentemente, não fui a única a ser impactada — hoje, minha mãe é uma crente forte e uma guerreira de oração. Meu marido a ama como mãe, enxergando-a como ela é agora, e não pelos erros de seu passado. Posso dizer que a restauração chegou a ambas as gerações por meio do amor poderoso do Senhor e do poder do perdão.

O DEUS DE TODA CONSOLAÇÃO

Acredito que todos nós tenhamos algum nível de déficit de amor em nossas vidas, mas não precisamos supri-lo de maneira irresponsável, uma vez que temos um Pai disposto a atender a todas as nossas necessidades — mesmo as mais profundas. Nenhum ser humano é capaz de saciar plenamente nossa demanda por amor, afinal, há um anseio em nosso coração que somente o Senhor pode satisfazer (cf. Eclesiastes 3.11).

Sendo assim, nos momentos de angústia e tristeza, ou quando nos sentimos perdidos, Deus deseja que O deixemos ser o nosso Consolador, como a Bíblia nos ensina:

> *Bendito seja o Deus e Pai de nosso Senhor Jesus Cristo, o Pai de misericórdias e Deus de toda consolação! É ele que nos consola em toda a nossa tribulação, para que, pela consolação que nós mesmos recebemos de Deus, possamos consolar os que estiverem em qualquer espécie de tribulação.*
> (2 Coríntios 1.3-4)

Com Seu amor eterno, o Pai deseja preencher cada vazio que há em nosso coração causado pela dor do passado. Há vários versículos na Bíblia que, embora se refiram a pessoas ou nações específicas, expressam a natureza amorosa do Senhor e são exemplos de como Ele Se relaciona conosco; ou seja, também dizem respeito a nós, Seus filhos.

Um exemplo disso é quando Ele diz: "[...] Com amor eterno eu a amei; por isso, com bondade a atraí" (Jeremias 31.3). A Palavra também garante que Deus nos ama com um amor eterno e infalível (cf. Isaías 51.6) e afirma que Ele já nos conhecia antes de sermos formados no ventre de nossas mães (cf. Jeremias 1.5). O Senhor prometeu, ainda, estar sempre conosco, como está escrito em João 14.18: "— Não deixarei que fiquem órfãos; voltarei para junto de vocês". E, em Isaías 49.15-16, Ele afirmou:

> *[...] Será que uma mulher pode se esquecer do filho que ainda mama, de maneira que não se compadeça do filho do seu ventre? Mas ainda que esta viesse a se esquecer dele, eu, porém, não me esquecerei de você. Eis que eu gravei você nas palmas das minhas mãos [...].*

Diante da revelação de que Ele é nosso Consolador, os que creem podem dizer: "Em ti eu tenho me apoiado desde o meu nascimento; tu me tiraste do ventre materno. A ti se dirige constantemente o meu louvor" (Salmos 71.6).

BAIXANDO A GUARDA E RECEBENDO O AMOR DE DEUS

Deus sempre está disponível aos que O buscam de todo coração (cf. Jeremias 29.13), mas, quando as experiências que tivemos com o amor não foram boas,

É NECESSÁRIO ESTARMOS DISPOSTOS A BAIXAR NOSSA GUARDA E DEIXAR O CONSOLO DO ESPÍRITO SANTO ADENTRAR NOSSA ALMA, PERMITINDO QUE DEUS SATISFAÇA NOSSA NECESSIDADE DE AMOR.

acabamos nos bloqueando para o que poderíamos receber d'Ele. Então, quando o Senhor ou até outras pessoas chegam a nós, deparam-se com muros erguidos ao nosso redor — o que nos impossibilita de sermos amados. Deus, porém, deseja Se relacionar conosco e curar a nossa alma; para tanto, tudo o que precisamos fazer é derrubar as barreiras à nossa volta, baixar a guarda. Lembre-se de que o Senhor é suficiente (cf. 2 Coríntios 12.9) e que é Aquele que nos sustenta. Ainda que nossas mães não tenham nos confortado, o Espírito Santo suprirá cada uma das nossas necessidades de consolo e amparo (cf. Filipenses 4.19).

Para receber a cura, o consolo e o suprimento sobrenatural do Senhor, o *El-Shaddai*, temos de fazer três coisas. Em primeiro lugar, liberar nossas mães da responsabilidade de atender às nossas carências — devemos vê-las como as pessoas que realmente são e entender que, talvez, elas também não tenham recebido o amor de que tanto precisam. Em segundo, temos de abandonar todas as falsas fontes de consolo, às quais nos apegamos por tantos anos, sejam elas relacionamentos problemáticos ou qualquer tipo de vício. Por último, é necessário estarmos dispostos a baixar nossa guarda e deixar o consolo do Espírito Santo adentrar nossa alma, permitindo que o próprio Deus satisfaça nossa mais profunda necessidade de amor. Se você está pronto para fazer isso, por favor, repita a oração ao fim deste capítulo em voz alta.

FAÇA ESTA ORAÇÃO

Pai, peço que venha e lide com as questões mais profundas do meu coração. Anseio pelo Seu consolo e reconheço que preciso do Senhor para atender às minhas necessidades. Cure minhas feridas e me ajude a percebê-lO como meu Consolador; que eu possa receber o amor storge que deseja me dar.

Clamo pela sua ajuda para me arrepender pelos anos, pelo amor e pelas bênçãos perdidas; para ser honesto diante da Sua presença sobre como essas coisas me afetaram e a ser sincero comigo mesmo a respeito da dor que ainda carrego.

Se você se identificar com as seguintes palavras, repita-as como sua oração ao Senhor:

Deus, eu precisava das palavras amorosas de minha mãe, mas, em vez disso, ela me magoou profundamente com o que disse. Havia em mim a necessidade de ver amor em seus olhos e de saber que estava seguro com ela, no entanto, ela me olhou com raiva e desgosto. Precisava que ela me pegasse em seus braços e me confortasse quando eu estava machucado; mas ela me rejeitou, sendo relutante ou incapaz de cuidar de mim.

Pare por um momento e permita que o Espírito Santo lhe revele frases duras ou prejudiciais que sua mãe possa ter lhe falado. Deixe que qualquer dor que você sentiu, por seu tom de voz ou palavras, venha à tona.

Coloque essa ferida aos pés da Cruz. Permita que Jesus assuma sua dor.

Pai, eu escolho perdoar minha mãe em obediência à Sua Palavra (cf. Marcos 11.25-26). Peço, em nome de Jesus, que entre e preencha os vazios em meu coração. Eu me abro para receber Sua bênção e Suas afirmações sobre minha vida. Sua Palavra garante que o Senhor fala comigo com amor e que isso O agrada (cf. Cânticos 2.14). Aceito Suas verdades a meu respeito, e isso me traz cura. Ouvirei a Sua voz e não mais escutarei aqueles que apenas me desapontaram.

Senhor, recebo Sua perspectiva de amor, pois Sua Palavra diz que "Os teus olhos viram a minha substância ainda informe [...]" (Salmos 139.16). Reconheço que, ao olhar para mim, há amor em Sua face, não vergonha ou raiva. Jesus disse que o Senhor me ama assim como O amou (cf. João 17.23). Aceito o Seu amor, e não procurarei em outras pessoas o que só o Senhor pode me dar.

Mais uma vez, permita que o Espírito Santo lhe revele qualquer rejeição que você tenha sentido por parte de sua mãe; que Ele lhe mostre os olhares que ela direcionou a você transmitindo a ideia de que você não era importante, que era um incômodo ou que não era desejado. Deixe que a dor e a perda, causados por esses olhares, recaiam sobre as feridas de Jesus na cruz.

Encha-me com Seu amor, Deus. *Salmos 139.13 diz: "Pois tu formaste o meu interior, tu me teceste no ventre de minha mãe". Pai, eu agradeço porque o Senhor me desejou e me deu vida; recebo Sua bênção sobre mim* *(cf. Salmos 139.5). Escolho permitir que preencha os vazios em meu interior e rejeito todo toque doentio e profano que já recebi. Não darei meu corpo para ser usado de forma imprópria por outra pessoa.*

Sente-se em silêncio e permita que o Espírito Santo lhe revele qualquer amor falso ao qual você se voltou em momentos de dor, seja sexo, drogas, relacionamentos doentios etc. Conforme Ele lhe mostrar, confesse seu erro e peça ao Senhor que perdoe você por atender às suas necessidades legítimas de maneiras ilegítimas.

Deus, me perdoe por ter procurado outras fontes para atender às minhas necessidades, e não o Senhor, e por todas as expressões erradas de afeto para as quais me voltei. Agora, doce Espírito, encha-me com Seu amor e verdade. Cure-me com o Seu carinho, venha com Sua presença e derrame sobre mim o bálsamo de Gileade. Em nome de Jesus, amém!

PARA REFLETIR

1. Como era sua relação com sua mãe? Você se sentia amado por ela?

2. Você acha difícil receber amor de Deus e dos outros? Se sim, você consegue identificar o motivo disso?

3. Com quais pensamentos e sentimentos você se depara quando imagina os aspectos de Deus em homens e mulheres? Em que momentos pensa n'Ele como Alguém cuidador e amoroso?

4. Você crê que agora pode receber o amor do Pai? Que passos precisa dar para isso?

Bem-aventurados os mansos:
A FERIDA PATERNA

03

> **BEM-AVENTURADOS OS MANSOS, PORQUE HERDARÃO A TERRA.**
>
> **(MATEUS 5.5)**

Quando ouvimos a palavra "mansidão", podemos associá-la à passividade ou mesmo à fraqueza. Frequentemente, acreditamos que ser manso significa permitir que "passem por cima" de nós. No fundo, quase sempre relacionamos esse aspecto a alguém sem força — percepção que, muitas vezes, fez com que Jesus fosse retratado nas produções de Hollywood como um personagem calado, indefeso e quase fraco. Mas será que esse é realmente o melhor significado ou existe uma definição mais profunda e verdadeira?

Na realidade, mansidão não é um estado de paralisação diante de situações adversas, tampouco é sinônimo de alguém que nunca se ira ou sente indignação. Ser manso é saber se posicionar e aplicar a sua força da maneira certa em cada situação, assim como Jesus fazia. Entendemos melhor essa ideia quando conferimos a palavra em sua versão grega, *praus*. Ela descreve a domesticação e expressa a ação de controlar um animal, que aprende a se submeter e obedecer à palavra de comando. Assim, o significado original nos traz uma interpretação profunda e abrangente de Mateus 5.5, que poderia ser lido como: "Bem-aventurado o homem que tem todo instinto, todo impulso e toda paixão sob controle". Pensando nisso, vamos explorar essa noção de mansidão aplicada à paternidade e, mais especificamente, aos nossos pais terrenos. Afinal, ela é um dos aspectos mais importantes no exercício desse papel.

Os pais devem ser um exemplo aos seus filhos de como manter os ânimos sob controle, educando-os com amor e repreensão, e utilizando a força que Deus lhes deu para os proteger, ensinar e guiar. Devem também demonstrar controle sobre a raiva, sem, contudo, tornarem-se passivos a ponto de consentirem que os filhos andem no erro a esmo.

Mais uma vez, vale reforçar que o desejo de Deus era que os pais fossem perfeitos. No entanto, atualmente, o termo "pai" passou a carregar uma grande bagagem negativa para muitos de nós.

Antes da Era Industrial, a maioria dos homens trabalhava em casa, fosse como fazendeiros, comerciantes ou como proprietários de uma oficina em suas próprias residências. Isso significa que mesmo um pai que não cumprisse bem o seu papel estaria presente, ao menos fisicamente, para seus filhos. Contudo, em muitas sociedades do mundo moderno, o trabalho tem reivindicado cada vez mais o tempo dos progenitores. A carga horária semanal acaba mantendo-os longe de casa durante muitas horas. Acrescente a isso nossa obsessão cultural por atividades de lazer, e o resultado são pais quase ausentes da vida de seus sucessores.

Não podemos nos esquecer de que nossos pais e avós também foram altamente afetados pelas duas Guerras Mundiais do século passado. Muitos homens (e até mulheres) voltaram desses conflitos com cicatrizes internas e externas, por conta dos horrores e atrocidades que testemunharam. Tanto é que vários acabaram desenvolvendo o que chamamos de Transtorno de Estresse Pós-Traumático (TEPT).

O TEPT ocorre quando alguém já não consegue mais suportar um trauma. Então, para se proteger, essa pessoa costuma desligar suas emoções, ignorando as lembranças da situação problemática pela qual passou. As que perderam seus amigos em batalha, por exemplo, sentem muita dificuldade de abrir seus corações com quem convivem, temendo reviver aqueles momentos dolorosos. Para piorar, os afetados pelo transtorno são incapazes de evitar esse mecanismo de defesa. Assim, não compartilham suas emoções nem mesmo com pessoas mais próximas, como seus próprios familiares.

Por fim, acredito que o TEPT, combinado ao excesso de trabalho, também esteja entre os diversos motivos de os lares se encontrarem enfraquecidos hoje em dia. Com isso, boa parte das crianças é criada sem que o desejo de Deus — o de ver mães e pais representando Seu amor por seus filhos — cumpra-se plenamente nesta geração; e muitos vivem as consequências dessa ferida profunda pelo resto de suas vidas.

PARTE DA HISTÓRIA DE TOM: A FERIDA PATERNA

Quando conheci Cristo, em novembro de 1986, e recebi a revelação do perdão dos pecados, entreguei-me a Ele com todo o meu coração. Eu O amei com todo o meu ser e compreendi o conceito de que aqueles que são perdoados demonstram esse amor (cf. Lucas 7.36-47). Mas, certa vez, ao ler uma passagem sobre Deus como Pai, notei uma grande dificuldade em enxergá-lO dessa forma. Na verdade, antes disso, imaginava um Deus distante e desinteressado, que apenas esperava que eu cometesse um erro para me punir.

Contudo, Jesus não deixaria que essa dúvida permanecesse em mim. Ao ler os evangelhos, reparei em como Cristo falava do Pai. De fato, Ele ofendeu os fariseus quando ousou chamá-lO de *"Abbá"*, palavra hebraica que expressa um afeto profundo e a confiança de um filho. Jesus estava mudando a maneira como Deus Pai deveria ser visto, possibilitando que nós O enxergássemos assim também.

Paulo nos diz em Romanos 8.15: "Porque vocês não receberam um espírito de escravidão, para viverem outra vez atemorizados, mas receberam o Espírito de adoção, por meio do qual clamamos: 'Aba, Pai'". E afirma novamente em Gálatas 4.6: "E, porque vocês são filhos, Deus enviou o Espírito de seu Filho ao nosso coração, e esse Espírito clama: 'Aba, Pai!'". Ou seja, temos um Pai amoroso que nos vê como Seus filhos.

Se queremos conhecê-lO dessa maneira, tudo o que precisamos fazer é olhar para a vida de Cristo. Quando Filipe expressou esse mesmo desejo, Jesus lhe disse: "[...] Há tanto tempo estou com vocês, Filipe, e você ainda não me conhece? Quem vê a mim vê o Pai [...]" (João 14.9). Seguindo esse exemplo, comecei a orar, dizendo: "Mostre-me o Pai", e essa revelação, pela graça de Deus, tem aumentado dia após dia.

OS TRÊS PAPÉIS DOS PAIS

Embora Deus Se revele por meio da Sua Palavra, nossa visão sobre Ele, como alguém que cuida de nós, nos ama e nos gerou, ainda é influenciada de maneira profunda por nossos pais terrenos. Se pedíssemos a uma criança que descrevesse o Senhor, por exemplo, é bem provável que ela citasse características que vê em seu próprio pai biológico. Por quê? Naturalmente, procuramos referências para construir imagens de Deus de acordo com as pessoas mais próximas de nós. No caso dos pais, podemos acabar transferindo para Deus Pai nossa visão terrena de paternidade, enquanto, no caso das mães, é possível que tenhamos problemas em nosso relacionamento com o Espírito Santo, que tem características mais maternais. A família e o jeito como somos criados deveriam ser um reflexo da imagem de Deus manifesta em nossos lares e nas relações construídas nesse lugar. Logo, se nossos pais forem presentes e, até certa idade, nos suprirem, tanto no aspecto físico como no emocional e no espiritual, aprenderemos a confiar neles e, consequentemente, teremos mais facilidade para nos relacionar com a Trindade. Contudo, ainda que não recebamos isso de nossos pais, o Senhor permanece de braços abertos para suprir qualquer falta e dar um novo sentido a esses papéis em nossas histórias.

Com isso em mente, acredito que todo pai e toda mãe precisem desempenhar três funções importantes: oferecer afirmações aos seus filhos, criá-los com amor e admoestação nos caminhos do Senhor e, por fim, abençoá-los. É no exercício de seu papel que os pais precisarão de mansidão para serem bem-sucedidos e transmitir, com clareza, o amor e a verdade de Deus. Se ambos fizerem um bom trabalho nesses três pontos, terão demonstrado, de modo efetivo, o caráter e a natureza do Criador, por meio de suas ações e palavras. Por outro lado, se eles falharem em qualquer um desses âmbitos, seus filhos poderão ter certa dificuldade em enxergá-lO dessa forma.

UMA VOZ DE AFIRMAÇÃO

Deus concedeu aos pais uma voz de autoridade sobre seus filhos. Quando vem de uma pessoa remida por Ele, esse poder é capaz de levantar uma geração de pessoas seguras em sua identidade, e confiantes em sua posição diante do Senhor e dos homens. No entanto, quando os pais não estão redimidos e não exercem seu papel de acordo com a Sua vontade, essa influência pode deixar seus filhos sem direção e identidade.

Quando lemos a Palavra, podemos notar que, em quase todos os casos do Antigo Testamento, era o pai quem dava nome aos seus filhos. Há, por exemplo, a passagem em que Raquel quis nomear uma de suas crianças como Benoni, que significa "filho da minha tristeza". Porém, Jacó, que sabia o poder de um nome, decidiu chamar o menino de Benjamin, que quer dizer "filho da minha mão direita" (cf. Gênesis 35.18). Você pode imaginar a vergonha de passar a vida tendo seu nome associado à angústia? Bem melhor é ser um sinônimo de virtude, especialmente quando se sabe que a mão direita era associada à bênção.

Assim também, todos ansiamos que nossos pais nos deem um "nome". Ele pode ser literalmente aquele que nos foi dado quando nascemos ou ainda as palavras lançadas sobre nós ao longo de nossas vidas. Queremos que nos validem com afirmações e incentivos, pois eles forjam as nossas identidades. Em contrapartida, se os pais atribuírem coisas negativas a nós, a nossa relação com eles poderá se tornar distante, o que não é o plano perfeito do Senhor.

Eu mesmo gostaria de ter ouvido "bons nomes" (afirmações de amor) do meu pai, mas a verdade é que não me lembro de ter sido chamado de algo que demonstrava o afeto dele por mim. De fato, nunca o ouvi falar com uma voz gentil, me dizendo que eu tinha valor, que era inteligente, engraçado e sensível, ou qualquer outro elogio. Em vez disso, as sentenças que ficaram comigo foram: "bebê chorão", "péssimo" e "você não é bom". Essa foi a minha herança paterna.

Todavia, nunca é tarde demais para mudar esse cenário. Afinal, por mais importante que seja recebermos esse amor e afirmação de nossos pais, percebemos, em toda a Bíblia, que nosso Pai Celestial deseja nos dar um novo nome; nome este que representa uma nova identidade. Alguns exemplos disso foram as mudanças de Abrão para Abraão (cf. Gênesis 17.5); de Sarai para Sara (cf. Gênesis 17.15); e de Jacó para Israel (cf. Gênesis 35.10). Quanto às afirmações, Ele chamou Gideão de "homem valente" (cf. Juízes 6.12); e Salomão de Jededias, isto é, "amado de Deus", através do profeta Natã (cf. 2 Samuel 12.25). Jesus também reconheceu Simão como Pedro, "a rocha" (cf. Mateus 16.17-18).

Por outro lado, é importante reforçar que, ainda que nossos pais terrenos tenham sido bons, amáveis e tenham feito um excelente trabalho em nossa criação, continuaremos necessitando da identidade e afirmações divinas a nosso respeito.

Não à toa, um dos meus textos bíblicos favoritos está em Apocalipse 2.17, que diz:

> *Quem tem ouvidos, ouça o que o Espírito diz às igrejas: 'Ao vencedor, darei do maná escondido. Também lhe darei uma pedrinha branca, e, sobre essa pedrinha, um novo nome escrito, o qual ninguém conhece, exceto aquele que o recebe'.*

Ou seja, temos a promessa de que receberemos um nome que só Deus conhecerá, e isso me surpreende e emociona profundamente. Como eu anseio por esse dia!

UMA VOZ DE AMOR

O Senhor deseja que a voz de autoridade que dá nome às crianças também as eduque de forma que, além

> **NOSSO PAI CELESTIAL DESEJA NOS DAR UM NOVO NOME; NOME ESTE QUE REPRESENTA UMA NOVA IDENTIDADE.**

de serem afirmados, esses filhos amadureçam e gerem raízes em Seu amor. Assim, Deus Se importa com a forma como isso será feito e deixa instruções acerca de uma educação fundamentada na mansidão. A Palavra revela isso em Efésios 6.4: "E vocês, pais, não provoquem os seus filhos à ira, mas tratem de criá-los na disciplina e na admoestação do Senhor". Em Colossenses 3.21, observamos o mesmo: "Pais, não irritem os seus filhos, para que eles não fiquem desanimados". O posicionamento de um pai tem a capacidade de edificar o espírito de seus filhos, assim como desanimá-los e provocar sua raiva. Curiosamente, a palavra grega para "criar" significa "levar à maturidade" e "nutrir".[1] Logo, embora a maioria das pessoas não perceba a importância disso, devemos compreender que esse processo vai além de dar uma boa alimentação ou educação acadêmica às crianças; os pais devem investir em todos os âmbitos, inclusive, nos que parecem simples, como dedicar tempo de qualidade e expressar afeto.

Meu antigo pastor, um grande amigo, era um homem introvertido; ele não foi criado em um ambiente

---

[1] N. E.: trata-se da palavra *ektrepho* (ἐκτρέφω).

onde o afeto físico e verbal era demonstrado. Por isso, eu sabia que ele não se sentia muito confortável com abraços ou coisas do tipo. No entanto, quando visitei sua casa pela primeira vez, testemunhei seu filho de dezessete anos deitado em seu colo, olhando para o seu rosto, o que me deixou um pouco surpreso. Mais tarde, lhe perguntei sobre isso. Ele me disse que, embora não fosse algo com o qual estivesse acostumado, sabia que seus filhos precisavam de afeto para crescerem confiantes em seu amor. Mesmo não tendo um bom modelo nessa área, meu amigo decidiu, por meio de palavras e do toque físico, fazer o contrário do que havia aprendido. Esse é um forte exemplo de sacrifício da própria comodidade para o benefício do outro.

Em minha opinião, a melhor amostra das afeições de um bom pai pode ser encontrada em Mateus 3.17, após o batismo de Jesus: "E eis que uma voz dos céus dizia: — Este é o meu Filho amado, em quem me agrado". Esse episódio é incrível por várias razões, pois nos apresenta um Pai Celestial que fala bem de Seu filho, tem admiração por Ele e Lhe dá uma identidade. O Pai é um Deus afetuoso, cheio de paixão e amor por aqueles a quem chama de Seus. Essa passagem também nos ensina que Jesus, o Deus encarnado, precisava ter Sua identidade reafirmada e ouvir a voz de amor, carinho e admiração de Seu Pai. E, se Ele carecia disso, quanto mais nós.

PARTE DA HISTÓRIA DE TOM: O DESEJO POR AFIRMAÇÃO

Sempre desejei ouvir uma afirmação de meu pai, contudo ele nunca foi um homem afetuoso nem costumava abrir o coração com facilidade. Quando criança, tinha a sensação de que ele não gostava de mim. Agora, que já sou adulto, entendo que, na verdade, crianças pequenas deixam-no um pouco sem jeito. Eu o observei com meus próprios filhos, quando ainda eram menores, e percebi o quanto meu pai ficava frustrado e desconfortável com eles por perto. Felizmente, isso mudou à medida que foram crescendo.

Entretanto, eu não estava completamente errado ao sentir que ele não gostava de mim. De fato, percebia a sua dificuldade em se relacionar comigo. Eu era uma criança muito sensível, e, quem sabe, mais carente do que as outras. Sem receber o que precisava dele, aos quatro anos de idade decidi me fechar. E, mesmo após algum tempo, quando meu pai tentou se aproximar mais uma vez, na época da pré-adolescência, meu coração já estava frio em relação a ele. Contudo, depois que entreguei minha vida a Cristo, o Senhor me convidou a lidar com essa questão e colocá-la aos Seus pés. Em uma reunião de oração de que participei, certa vez, a primeira parte do encontro foi voltada ao perdão dos nossos pais. Soube imediatamente que precisava dar um passo nessa direção, mas não tive nenhuma empolgação para tomar essa atitude. Mesmo assim, apesar de não sentir nada, orei e perdoei meu pai num ato de obediência. Enquanto muitas pessoas ao meu redor choravam, eu permanecia indiferente.

Naquele período, eu trabalhava em um emprego no turno da noite, e meu pai, durante o dia. Por isso, nossos caminhos se cruzavam em raras ocasiões. Quando finalmente o vi pela primeira vez após aquela experiência, eu o abracei e disse que o amava. Já havia feito isso outras vezes, mesmo antes de perdoá-lo, mas ele nunca se sentia muito à vontade com o toque físico. Também não me lembrava de tê-lo ouvido dizer que me amava, mas, neste dia, senti meu pai me abraçando de volta. Depois, ele me beijou na bochecha e disse: "Eu também amo você". Eu estava deslumbrado! E disse ao Senhor: "Deus, isso é incrível! Perdoei meu pai, e ele mudou". Então, escutei-O me respondendo: "Não, Tom! Você perdoou seu pai, e agora é você quem está diferente".

A VOZ DE AUTORIDADE

Embora ansiemos por uma voz de amor e afeição, no fundo também precisamos e até desejamos a autoridade e a admoestação. Assim, a voz do pai deve expressar o amor de maneira íntegra tanto nas afirmações e bênçãos, quanto ao trazer a disciplina. Ele deve orientar seus filhos, corrigindo-os quando erram, pois, se for permissivo, deixará as crianças sem um senso de limites, fazendo com que fiquem inseguras, mimadas e até orgulhosas.

Lemos sobre muitas histórias acerca de más paternidades no Antigo Testamento. E, em alguns casos, essa

A FAMÍLIA
E O JEITO COMO
SOMOS CRIADOS
DEVERIAM SER
UM REFLEXO DA
IMAGEM DE DEUS
MANIFESTA
EM NOSSOS
LARES E NAS
RELAÇÕES
CONSTRUÍDAS
NESSE LUGAR.

displicência causa danos e dor por gerações. Homens como Eli e Davi são exemplos de pais que falharam na instrução de seus filhos. O resultado foi catastrófico e impactou sua descendência.

Os filhos de Eli, Hofni e Fineias, por exemplo, roubavam dos sacrifícios de Deus e faziam sexo com mulheres que serviam na porta da Tenda do Encontro (cf. 1 Samuel 2). E, mesmo sabendo desse comportamento, seu pai não os corrigia. Deus chegou a advertir Eli por meio de Samuel, mas ele nada fez. Finalmente, o Senhor julgou todos eles: os três morreram no mesmo dia, quando os filisteus levaram a Arca da Aliança (cf. 1 Samuel 4).

O rei Davi também não escapou desse estigma. Ele era orientado por Samuel em seu reinado, mas era um pai permissivo; esse posicionamento levou sua casa à ruína. Seu filho, Amnon, cobiçou sua meia-irmã Tamar, o que, eventualmente, resultou em um estupro. Davi ficou muito zangado com isso, mas não tomou medida alguma contra o filho; e sua atitude deu brecha para que Absalão — irmão de Tamar — fizesse justiça com suas próprias mãos. Por fim, com a morte de Amnon, uma discórdia nasceu entre Absalão e Davi, algo que nunca foi reparado (cf. 2 Samuel 13).

De fato, o silêncio de nossos pais em relação à disciplina nos deixa fora de controle. Um bom pai, que ama seus filhos de verdade, irá corrigi-los. Entretanto, uma atitude muito rígida também pode ser prejudicial. Muitos cresceram em lares onde desejavam ouvir um conselho ou encorajamento de seus pais. Só que, em vez disso, foram criticados e julgados. Como consequência desse tipo de comportamento vindo de nossos pais, podemos ter dificuldade para enxergar Deus de modo saudável, como mencionado anteriormente.

Para ilustrar ainda mais todas as questões tratadas neste capítulo, pedi autorização de uma amiga para incluir sua história aqui. Ela compartilhou comigo sobre a maneira como seu profundo desejo por afirmação e atenção não satisfeito por seu pai afetou sua vida. O que você lerá a seguir é o relato de suas memórias.

RELATO DE KRISTI

"Meu pai nunca reconhecia o que eu fazia. A única resposta que recebia dele era um grunhido ou: 'Bem, está *ok*. Só que teria sido muito melhor se você tivesse apenas…'. Porém, se eu fizesse algo errado, ele não pararia de falar sobre o assunto. Se eu tirasse um 9 em vez de um 10, ele me daria um sermão sobre como era um pecado aos olhos de Deus ter a capacidade de obter uma nota melhor na prova, e alcançar apenas aquilo. Tentei fazer tudo com excelência para que talvez, algum dia e de alguma forma, ele notasse meus esforços, mas isso nunca aconteceu.

Anos depois, quando eu já estava casada e com filhos, mudando para uma casa nova, meus pais vieram visitar nossa família. Isso ocorreu meses antes de meu pai morrer, antes de sabermos que ele estava com câncer. Durante aqueles dias, apenas notei que ele parecia diferente. Na manhã em que iriam embora, acordei cedo para fazer o café; fiz tortilhas e coloquei queijo em todas elas, sem me lembrar de que meu pai odiava queijo, a menos que fosse em um *cheeseburger*. Quando ele comeu uma das tortilhas, fez um comentário que abalou meu mundo: 'Kristi, que tipo de queijo é esse?'. Percebendo meu erro, respondi: 'Colby Jack'.

Eu estava esperando um comentário negativo e duro, como era de costume, mas dessa vez ele me chocou, pois disse: 'Hmm! Bem, é... m-e-i-o... que... bom, por isso gostaria de saber de que tipo era. Nunca comi algo assim antes!'. Eu lhe disse que estava feliz por ter gostado, mas fiquei sem acreditar. Para meu pai, dizer aquilo era quase como se ele estivesse pulando e gritando para externar que realmente tinha gostado do que eu havia preparado.

Depois que foram embora, toda vez que eu ia ao supermercado, me sentia na obrigação de comprar aquele queijo. Então, certo dia, ao me aproximar da seção de laticínios, apenas chorei. Não pelo queijo em si, mas por conta de uma vida inteira fazendo o meu melhor para que meu pai notasse algo em mim que fosse digno do seu olhar, de sua aprovação e sua afirmação. Ironicamente, o que chamou a atenção dele foi algo que fiz com queijo Colby Jack. Por isso, acabei associando, de moro errôneo, a ideia de que esse queijo estava relacionado à minha identidade. Eu precisava tê-lo em minha posse. Por muito tempo, quando o usava para cozinhar algo, e às vezes até durante o jantar, eu chorava ou nem mesmo conseguia comer. Eu não entendia como o simples elogio vindo do meu pai poderia impactar tanto a minha vida.

    Pouco tempo após sua visita, veio o diagnóstico de câncer em estágio IV. Os médicos lhe deram um período de vida muito curto, e ele faleceu nove semanas depois da constatação. No entanto, tive a sorte de estar em sua companhia nos seus últimos dez dias de vida. Durante os primeiros sete, nosso relacionamento foi o mesmo de sempre, mas o Senhor me agraciou com uma tarde em que meu pai se desculpou comigo. Disse o quanto estava orgulhoso e citou várias coisas que lhe chamavam a atenção em mim, como traços de um bom caráter. Dentre muitos pontos que ele mencionou, achava que eu era boa em amar as pessoas, que cuidava bem de meus filhos e marido, e que era gentil e serva. No dia seguinte, meu pai entrou em coma e, passado um dia, faleceu.

    Suas últimas palavras significaram muito para mim. Às vezes, nesses tipos de relação, muitos não conseguem ter uma resolução, mas o Senhor me presenteou com dois momentos de encorajamento. E sempre me lembrarei que meu pai gostou das tortilhas que fiz, embora tivessem queijo. Ele levou um tempo para notar e comentar algo que eu fazia bem, me elogiando da melhor maneira que pôde. Foi uma coisa pequena, mas tocou meu coração de uma forma profunda.

    Ainda assim, continuo me perguntando: por que o queijo? Por que apenas algumas de nossas memórias foram boas? Porém, rapidamente agradeço ao Senhor por ter tido algo vindo de meu pai que mostrasse pontos bons da minha relação com ele. Além de receber o amor de Deus, pude também ganhar boas afirmações do meu pai terreno. Ele reparou em como eu oferecia bondade e beleza ao mundo que me rodeia, e demonstrou sua aprovação, assim como o Pai Celestial. Por isso, serei eternamente grata".

DEUS PAI

São histórias como essa que você acabou de ler que nos ajudam a compreender como Deus é um Pai bom e fiel, ainda que nossos pais aqui na Terra, sejam falhos. A Sua bondade é capaz de adentrar as rachaduras de nossos relacionamentos, redimir nossa história e curar nossos corações. Agora, vale recordar que essa bondade também é expressa na disciplina que vem d'Ele. Lemos em Hebreus 12.6 que: "[…] o Senhor corrige a quem ama e castiga todo filho a quem aceita". Para muitos, isso pode parecer contraditório, mas, na realidade, ao passarmos pela disciplina divina, devemos nos lembrar de que Ele está nos tratando como filhos.

Quem nunca ouviu falar de uma criança que não é corrigida por seus pais? Certamente, nessas situações, há uma compreensão errada de que o amor não causa nenhum desconforto. Em Apocalipse 3.19, o próprio Deus, que é o Amor, nos mostra que repreende Seus filhos: "Eu repreendo e disciplino aqueles que amo. Portanto, seja zeloso e arrependa-se". E, nessa repreensão, Deus não usa de uma força excessiva, mas, sim, da Sua bondade, que nos atrai ao arrependimento (cf. Romanos 2.4).

Ele é um Pai paciente, que sabe o que cada filho precisa. E é justamente esse equilíbrio entre a soberania e o amor que nos dá a garantia de segurança, e um crescimento saudável em Sua presença.

UMA VOZ DE BÊNÇÃO

O último aspecto do que a voz do pai pode derramar sobre seu filho é a sua bênção. No Antigo Testamento, por exemplo, observamos como todos os filhos ansiavam por essa graça. Algumas vezes, eles chegavam até a se esforçar para recebê-la.

A esse respeito, há uma história muito conhecida, que tem como personagens principais Jacó e Esaú (cf. Gênesis 27). Desde que os dois estavam no ventre de sua mãe, existia a promessa de que o mais velho serviria ao mais novo (cf. Gênesis 25.23). No entanto, naquela época, o costume era que os mais velhos recebessem a bênção de seu pai, tendo, assim, a porção designada à primogenitura.

Nessa família, Rebeca, a mãe, apegou-se a Jacó; enquanto Isaque, o pai, a Esaú. Isso mostra que já era possível identificar um padrão não saudável nessa relação desde o início. Sabemos que Isaque pretendia seguir a cultura ao abençoar seu filho mais velho. Só que, lembrando-se da promessa de Deus, Rebeca planejava transferir essa dádiva ao mais novo. Por isso, ela e Jacó

> **A SUA BONDADE É CAPAZ DE ADENTRAR AS RACHADURAS DE NOSSOS RELACIONAMENTOS, REDIMIR NOSSA HISTÓRIA E CURAR NOSSOS CORAÇÕES.**

decidiram enganar o velho patriarca, que estava quase cego. Quando Esaú, que se encontrava no campo, voltou e descobriu a farsa, implorou ao pai que retirasse a bênção do mais novo, mas isso era impossível. Em outros termos, Isaque não podia recuperar o poder das palavras que haviam sido lançadas (cf. Gênesis 25 e 27).

Pensando na maneira como os filhos são criados hoje, e o poder de influência que as palavras podem ter sobre eles, conseguimos refletir um pouco acerca desse tema. Em primeiro lugar, a voz do pai destina-se a chamar e desafiar o filho à masculinidade, e torná-lo seguro sobre sua identidade. Da mesma forma, ele deve educar sua filha à condição de mulher, confiante em acreditar que ela é querida, valorizada e bonita. Todo jovem deseja ouvir seu pai dizendo: "Estou tão orgulhoso de você! Eu o amo".

Quando um rapaz ou uma moça enfrentam os desafios da juventude sem nunca ouvir coisas como essas, correm um grande risco de entrarem na vida adulta em um estado atrofiado da infância. Consequentemente, eles acabam estagnando na adolescência por mais tempo. Alguns relatórios dizem que, hoje, esse período pode se estender até os 26 anos. E, se isso for um fato, quando cresceremos de verdade?

Falaremos detalhadamente sobre a iniciação à masculinidade e à feminilidade mais adiante.

PARTE DA HISTÓRIA DE TOM: A BÊNÇÃO DE UM PAI

Quando minha esposa e eu tivemos nossos primeiros filhos, quis deixar claro a eles quando a infância terminaria e a idade adulta começaria. Para os meninos, escolhi a idade de treze anos e, para as meninas, o início da menstruação. Eu dizia aos meus filhos desde que eram pequenos: "Rapazes, quando vocês fizerem treze anos, não serão mais meninos, e sim jovens, e este será um dia incrível". E para minhas filhas, falava: "Meninas, o dia em que se tornarem moças será um momento de honra e celebração".

Quando os meninos completaram treze anos, reunimos os homens que tinham uma voz ativa em suas vidas — aqueles que conheciam a Cristo e andavam com Ele consistentemente — e os abençoamos. Eles deram palavras de sabedoria e de advertência aos meus filhos, e cada um deles sabia que este era um momento decisivo em suas vidas e que não deveriam esquecê-lo. Daquele ponto em diante, fiz questão de tratá-los como jovens, deixando que tomassem algumas decisões por conta própria, dando meu conselho só quando me pediam.

Até então, apenas uma de minhas filhas havia atingido a fase de moça. Um dia, ao chegar em casa do trabalho, fui recebido na porta por minha esposa e minha filha, ambas com sorrisos radiantes e entusiasmadas. Perguntei o que estava acontecendo, e Donna perguntou à nossa filha: "Você quer contar ao papai ou devo contar?". Ela respondeu: "Vou contar a ele. Papai, tive minha primeira menstruação hoje!".

Eu pulei de alegria, gritando e dançando, em celebração a esse momento. Eu a peguei no colo, a abracei e a parabenizei. Então, coloquei minhas mãos sobre ela e a abençoei. A presença de Deus nos encontrou no lugar em que estávamos, e nós três começamos a chorar. Mais tarde, saímos para jantar, em comemoração. Minha filha tinha deixado de ser menina para se tornar mulher, sem nenhum traço da vergonha que, muitas vezes, acompanha a primeira menstruação. Ela sabia que eu estava orgulhoso e que, agora, era uma jovem. Acredito que todas as crianças anseiem por esse chamado à vida adulta.

Não à toa, enquanto passava por essas experiências com meus próprios filhos, ainda desejava ouvir a bênção de meu pai, mesmo sem muita esperança de recebê-la. Porém, um dia, falando com ele ao telefone, mencionei que minha esposa e eu iríamos pregar em um local próximo à sua residência. Meu pai não é cristão e nunca havia pisado em uma igreja, independentemente do motivo, nem mesmo em casamentos ou funerais. Fiquei chocado quando ele me disse: "Lá é realmente bem perto da minha casa. Talvez, minha noiva e eu pudéssemos ir para ouvi-lo".

Eu mal conseguia acreditar no que acabara de ouvir, e pensei: "Será que ele está falando sério?". Ele continuou: "Sabe de uma coisa? Nós iremos, sim! Vejo você na igreja". Depois de nossa conversa, me sentei, em estado de choque. Naquela pregação, eu planejava compartilhar meu testemunho sobre a liberdade das drogas, álcool e homossexualidade; e grande parte da minha história inclui meu relacionamento rompido com meu pai. Então, entrei em um dilema.

"O que vou fazer, Deus?", orei. "Não posso compartilhar como senti ódio e retive perdão, enquanto ele estiver sentado bem na minha frente". Logo, tomei uma decisão: mudaria meu testemunho, deixando essas partes de fora. Fiquei aliviado ao pensar que não teria de abrir meu coração diante do meu pai, mas Deus falou comigo, com uma voz mansa e tranquila, dizendo: "Tom, você tem de compartilhar seu testemunho completo. Haverá pessoas lá que precisarão ouvir cada parte dele". "Mas, Deus, como posso expor essas coisas para meu pai, que estará lá?", perguntei. O Senhor, porém, ficou em silêncio.

Quando chegou a manhã de domingo, eu estava ansioso e inquieto. Normalmente, me sentia confortável ao falar na frente das pessoas, mas, naquele dia, tremia por dentro. Na igreja, meu pai e sua noiva entraram e se sentaram na primeira fila, sendo inevitável não vê-los. Donna compartilhou sua história primeiro e depois me levantei para falar. Ao contar meu testemunho **completo**, evitei o contato visual com eles o máximo que pude. Contudo, em certo momento, encontrei coragem para olhar meu pai e sua noiva: ambos choravam muito.

Depois que terminei de falar, o pastor perguntou se alguém ali gostaria que Donna e eu orássemos por eles, e formou-se uma fila que ia do púlpito até os fundos da igreja. Acredito que ministramos por cerca de quarenta e cinco minutos, mas, durante todo aquele tempo, meu pai ficou a uma curta distância, à minha esquerda, e esperou pacientemente. Eu estava quase agradecido pela longa fila, com medo de qual seria sua reação.

Após orar pela última pessoa, voltei-me para o meu pai. Ele se aproximou de mim, me abraçou com lágrimas nos olhos e disse: "Estou tão orgulhoso de você, filho". Chorei muito quando isso aconteceu, afinal, havia esperado trinta e oito anos para ouvir essas palavras, e elas preencheram um espaço vazio em minha alma.

Sei que a minha experiência de reconciliação com meu pai não acontece com todas as pessoas que precisam de afirmações paternais — muitas delas acabam recebendo frieza e afastamento; já ouvi muitas histórias de relacionamento entre pais e filhos em que o final não foi tão feliz. Existem pais que amaldiçoaram seus descendentes e lhes lançaram palavras de morte até o dia em que faleceram. Porém, ainda que nossos pais terrenos não sejam capazes de nos abençoar, nosso Pai Celestial sempre será. Deus derrama a Sua graça sobre cada um de nós à medida que O buscamos e preenche o vazio do nosso peito, dando vida ao que está morto.

Por isso, encorajo você a pedir a Ele que entre nos lugares feridos do seu interior e libere Suas palavras de vida e bênção sobre seu coração. Ele é fiel, e Seu amor, infalível e confiável. As Escrituras nos dão essa garantia e esperança! Lemos em Malaquias 4.5-6 que, nos últimos dias, Deus enviará o espírito de Elias, e que ele "[…] converterá o coração dos pais aos seus filhos e o coração dos filhos aos seus pais […]". Aleluia! Esse dia está perto, e o Senhor já começou a restauração.

UMA BOA HERANÇA

Um bom pai dá uma herança a seus filhos e netos. Às vezes, ela é monetária ou patrimonial; ou se trata de caráter, honestidade e outras virtudes e valores, como o amor a Deus.

Na Palavra, o Senhor prometeu que os mansos — aqueles que aprenderam a dominar a ira, e cujos instintos, impulsos e paixões estão sob controle — também receberão uma herança vinda d'Ele. E o mais incrível sobre essa dádiva é que ela nunca terá fim, jamais enferrujará ou será corrompida, pois é eterna. Deus disse que essas pessoas herdarão a Terra (cf. Mateus 5.5) e a governarão com Ele para sempre (cf. 2 Timóteo 2.12).

Portanto, a Sua vontade é que os pais cumpram a sua incumbência para com seus filhos, sendo verdadeiramente mansos, cheios de diligência, humildade, amor e acolhimento. Assim, eles desempenharão o papel de ser a voz que afirma os filhos, as mãos que os abençoam, e lhes deixarão uma herança de vida, alegria e abundância. Apenas dessa forma os lares serão mais que felizes, cheios do favor do Pai Celestial.

FAÇA ESTA ORAÇÃO

Pai, muito obrigado pela Sua presença constante em minha vida. Peço que me ajude diariamente, ensine-me a percebê-lO como um Pai amoroso e afaste do meu coração tudo o que me impede de receber o Seu amor. Admito que, no passado, eu desejava que a voz de autoridade de meus pais me desse um bom nome. Afinal, a Sua Palavra diz que: "Mais vale o bom nome do que as muitas riquezas [...]" (Provérbios 22.1); mas, em vez de escutá-la e de me apegar ao que o Senhor diz sobre mim, escolhi acreditar nas palavras negativas que ouvi a meu respeito. Por causa disso, essas sentenças me envergonham e magoam meu coração até hoje. Neste momento, decido entregá-las ao Senhor.

Pare um momento e permita que o Espírito Santo revele quaisquer nomes que seu pai, padrasto ou figura de autoridade em sua vida possa ter atribuído a você. Fale-os em voz alta a Deus! Permita que Jesus os tire do seu coração e mente.

Eu deixo esses nomes negativos na Cruz, e permito que a vergonha e a dor sejam liberadas nas chagas de Jesus. Eu os rejeito completamente, e não vou mais permitir que me definam. Silencio e afasto, do meu coração e mente, a voz de Satanás e todas as suas mentiras e acusações. A partir de hoje, escolho acreditar nos nomes que recebo do Senhor, afirmando que sou amado (cf. Cantares 6.3), e que tenho o meu nome gravado na palma da Sua mão (cf. Isaías 49.16). Sua Palavra me diz que o Senhor Se alegra e canta canções sobre mim (cf. Sofonias 3.17), e eu escolho receber o meu novo nome.

Ouça o novo nome que o Espírito Santo está lhe dando agora, que pode ser "Amado" ou "Amada", "Meu filho" ou "Minha filha". Seja o que for, abrace-o e tome-o como seu. Não tente determinar como Ele irá revelá-lo. Pode ser através de uma palavra em seu coração, das Escrituras ou por meio de outra pessoa. Apenas espere em Deus, o Pai, até que Ele lhe mostre, mesmo que esse processo leve um tempo. Às vezes, não estamos prontos para ouvir o que o Senhor tem a dizer no momento. Mas, se você aguardar com paciência, Ele fará isso.

Hoje, reconheço a dor e a perda de não ter tido a educação e admoestação de meu pai. Eu precisava de seu carinho e amor, bem como das suas afirmações, mas, em vez disso, experimentei dureza, frieza e apatia. Eu temia sua raiva e suas palavras de morte; ansiava pela sua direção, mas não a tive. Por isso, peço por graça, para que possa entregar meu pai terreno em Suas mãos. Então, Senhor, seja meu Pai! Seja para mim essa voz de amor e direção. Deixe-me ouvir Suas palavras doces, mas também sentir Sua mão firme a me guiar. Ajude-me a confiar no Senhor, seja em épocas de abundância ou de perda. Reconheço que meu pai falhou comigo, mas Seu amor é infalível e sem fim (cf. Salmos 36.5-7).

Pai, anseio por Sua bênção! Ainda que não tenha recebido heranças emocionais, físicas ou espirituais por parte dos meus pais, escolho me libertar dessas expectativas e recorro ao Senhor para obter minha dádiva.

Eu recebo Sua voz de bênção! Abençoe-me, Pai. É o que eu peço, em nome de Jesus, amém!

Agora, fique em silêncio, sem orar, e apenas ouça ao Senhor. Permita que o Espírito Santo lhe traga a bênção do Pai. Receba-a em fé, com a consciência de que você é filho de Deus e que Sua graça é derramada sobre a sua vida.

É importante mencionar que, ainda que você tenha tido um bom relacionamento com o seu pai terreno, todos precisamos da identidade, herança e bênçãos vindas de Deus. Por isso, faça essa oração, mas a adapte segundo a direção do Espírito Santo.

PARA REFLETIR

1. Sua relação com seu pai foi marcada pelo silêncio, raiva, passividade e desinteresse, ou por amor e carinho? Reserve algum tempo para pensar e escrever sobre o relacionamento de vocês.

2. Considerando as suas carências, o que você mais precisava de seu pai? Ele pôde atender a essas necessidades?

3. Levando em conta as três maneiras pelas quais os pais podem afirmar sua autoridade (dar um nome, educar e abençoar), de que formas seu pai foi bem-sucedido? Em que ele falhou? Qual foi o efeito positivo da autoridade de seu pai em sua vida? Ou como isso afetou você negativamente?

4. O que seu Pai Celestial falou sobre você como Seu filho ou Sua filha?

Bem-aventurados OS QUE TÊM FOME E SEDE DE JUSTIÇA:
CONFISSÃO

04

> *BEM-AVENTURADOS
> OS QUE TÊM FOME
> E SEDE DE JUSTIÇA,
> PORQUE SERÃO SACIADOS.*
>
> (MATEUS 5.6)

A declaração "aqueles que têm fome e sede são muito abençoados e felizes" pode soar estranha, afinal, como algo considerado ruim culminaria em uma bênção? A humanidade tem lutado com esse conceito ao longo dos tempos, visto que ele é muito contraintuitivo, mas a Palavra nos traz uma nova perspectiva acerca disso.

Entendo que Jesus não Se refere, nesse contexto, à fome e à sede físicas, mas a um desespero dos corações que reconhecem sua pobreza de espírito diante de Deus. Dessa maneira, teremos a consciência de que nossa justiça é tão falha quanto nós e daremos espaço para o Senhor corrigir nossos caminhos, manifestando a justiça dos Céus em nossas vidas. Jesus nos revela que devemos ir a Ele sem pretensões e egocentrismo, abandonando os ídolos de nossas vidas. Cristo quer que deixemos de lado qualquer dependência de nossos dons, intelecto, talentos e prazeres passageiros que nos "sustentem", para nos posicionarmos diante d'Ele de mãos vazias, em humildade.

Acontece que se tornar pobre de espírito geralmente é algo que ocorre de forma processual, pois nossa natureza humana não deseja que abdiquemos de nossas vontades. Uma vez que Adão e Eva comeram do fruto do conhecimento do bem e do mal (cf. Gênesis 3.6), agora tentamos nos satisfazer fora da presença de Deus, e isso nos traz muitos problemas (como alguns que discutimos nos capítulos anteriores). A escolha pela desobediência demonstrou a vontade do Homem de querer ser autossuficiente; por isso, até hoje continuamos a buscar fontes efêmeras para saciar a fome e sede de nossas almas. Eclesiastes 3.11 afirma: "[...] Também pôs **a eternidade no coração do ser humano [...]**" (grifo nosso) — Deus nos criou com um vazio que somente Ele pode preencher.

Apesar disso, ainda tentamos desesperadamente preenchê-lo com qualquer coisa que nos satisfaça de forma instantânea. Escolhemos os prazeres passageiros do pecado (cf. Hebreus 11.25) em vez dos deleites eternos. C. S. Lewis, certa vez, disse:

> Somos criaturas medíocres, brincando com bebida, sexo e ambição quando a alegria infinita nos é oferecida, como uma criança ignorante que prefere fazer castelos na lama em meio à insalubridade por não imaginar o que significa o convite de passar um feriado na praia. Nos contentamos com muito pouco.[1]

Somente nossa busca por Cristo nos saciará com justiça, pois, quando não fazemos isso, o que encontramos é a culpa e a condenação que o Inimigo lança sobre nós. No final, nós nos vemos piores do que estávamos no começo, porque tentar preencher uma lacuna determinada por Deus, dentro de nós, de qualquer outra forma, fora da Fonte verdadeira, é uma busca inútil. Sendo assim, ao procurarmos ocupar o nosso vazio com alegrias

---

[1] C. S. Lewis, *O peso da glória*, 2017, p. 32.

momentâneas, estamos, na verdade, agindo injustamente conosco, afinal, esse espaço pertence ao Senhor.

A VERDADEIRA FOME POR JUSTIÇA

Para entender melhor o que significa, **realmente**, ter fome de justiça, vamos começar pela abordagem dessa passagem bíblica no idioma original. A palavra grega para "fome", utilizada nesse versículo, possui o sentido de estar faminto pelo todo, e não se satisfazer somente com uma parte ou porção, como um **pedaço** de pão ou um **copo** de água.[2] Ou seja, a plenitude que Deus oferece deve ser aplicada a todas as áreas de nossas vidas. Para isso, devemos praticar, por completo, a Palavra e, assim, receber as promessas do Pai em sua totalidade.

Isso me faz pensar em todas as vezes em que nos contentamos em receber apenas uma porção do que Deus tem para nós, quando Seu desejo é que vivamos Seus desígnios em medida plena. É possível que nos alegremos com algumas bênçãos e experimentemos Suas revelações maravilhosas, mas o Senhor espera que sejamos completamente desejosos de Sua justiça: isto é, que todas as áreas de nossas vidas estejam alinhadas aos Seus caminhos e preceitos, e que tenhamos profunda intimidade com Ele, nos movendo com liberdade e ousadia.

Mas, se o Reino dos Céus ainda não foi inteiramente estabelecido aqui na Terra, é sensato desejar essa medida

---

[2] N. E.: trata-se da palavra *peinao* (πεινάω).

completa? É possível alcançarmos a justiça perfeita nesta vida?

A resposta para essas perguntas é "sim" e "não". Sim, porque através do sacrifício de Jesus Cristo somos justificados e aperfeiçoados (cf. Atos 13.39; Hebreus 10.14), de modo que, quando o Pai olha para nós, vê a obra redentora realizada por Seu filho (cf. Colossenses 3.3). Não se trata de algo que nós temos de conquistar, uma vez que aceitamos Cristo como o Senhor de nossas vidas; é algo que já recebemos.

No entanto, vivemos em um mundo que está mergulhado em pecado, e nem todos aceitam caminhar de acordo com a vontade de Deus. Por isso, o nosso clamor deve ser que o padrão perfeito do Pai encha as nossas vidas e as das outras pessoas, a quem o Espírito Santo alcançará, dizendo: "Deus, quero a Sua justiça por completo. Só assim terei satisfação". Por meio de uma vida santificada, nos tornamos ferramentas do Senhor para que Sua justiça seja manifesta na Terra, e pessoas venham para Seu Reino de amor. Assim, aqueles que, antes, eram oprimidos pelo mal, esquecidos aos olhos da sociedade, ou desconsiderados pela lei humana, encontram esperança em Cristo.

Acredito que é desse tipo de justiça que Jesus esteja falando no trecho de Mateus 5.6; trata-se da **plenitude** proveniente de vivermos segundo Seus mandamentos, que impacta não somente a nós mesmos, mas também a todas as outras pessoas que têm fome e sede, mas ainda não sabem como satisfazê-las. Por esse

A CRUZ
É A PEÇA
CENTRAL
DE NOSSA
CAMINHADA
CRISTÃ E
BUSCA PELA
JUSTIÇA;
SEM ELA,
ESTARÍAMOS
PERDIDOS,
SEM ACESSO
AO PAI.

motivo, nós devemos levá-las à única Fonte verdadeira, que é Jesus.

Podemos analisar, também, o Sermão do Monte no livro de Lucas, que afirma: "Bem-aventurados são vocês que agora têm fome, porque serão saciados [...]" (Lucas 6.21 – grifo nosso). A palavra "agora" aparece apenas na versão escrita por Lucas e fornece uma sensação de urgência acerca dessa fome. Perceba, então, que o tipo de pessoa que esse versículo descreve não se contenta em esperar para alcançar a justiça, mas a deseja imediatamente.

A palavra "agora" nos mostra que o Pai Se agrada quando não queremos esperar passivamente pelo cumprimento futuro, mas lutar e correr atrás de uma realidade justa, ainda hoje. Entretanto isso não implica tentarmos apressar os processos de Deus ou, até mesmo, realizá-los com nossa própria força, mas, sim, entendermos que Ele já tem a providência necessária e sabe exatamente o que é melhor para nós. Portanto, buscar justiça de forma ativa significa nos mantermos em oração, intercedendo por causas nas quais ela precisa ser manifesta, e nos posicionarmos de acordo com o exemplo de Jesus, na sociedade e perante os homens. Ou seja, fazermos nossa parte e clamarmos para que o Senhor faça o que só Ele pode fazer.

Por outro lado, surge a questão: como alcançar justiça, estando propensos ao pecado? Primeiro, devemos entender o significado literal de pecado, que, no original grego, é "errar o alvo"[3]. Uma boa ilustração é se imaginar

---

[3] N. E.: trata-se da palavra *hamartia* (ἁμαρτία).

atirando uma flecha em um alvo, mas errando o centro; isso seria a santidade de Deus — nosso padrão —, e a flecha é nosso esforço. Estamos mirando no centro, mas muitas vezes não o acertamos.

O Senhor sempre esteve ciente de que não atingiríamos o alvo a todo momento. Ele sabia, antes da fundação do mundo, que o Homem precisaria ser perdoado e salvo de seu pecado. O sacrifício de touros e bodes, conforme prescrito na Lei de Moisés (cf. Levítico 4), serviu como uma solução temporária para quitar a dívida do pecado. O sacrifício definitivo, porém, só veio mais tarde por meio de alguém puro, imaculado, providenciado por Deus, na pessoa de Seu Filho, Jesus Cristo: "Nosso Sumo Sacerdote, porém, ofereceu a si mesmo como único sacrifício pelos pecados, válido para sempre. Então, sentou-se no lugar de honra à direita de Deus" (Hebreus 10.12 – NVT).

Por isso a Cruz é a peça central de nossa caminhada cristã e busca pela justiça; sem ela, estaríamos perdidos, sem acesso ao Pai. Por meio de Jesus, somos transformados e saciados daquilo que necessitamos profundamente. A Palavra nos lembra dessa verdade em Isaías 53.4-5, ao dizer:

> *Certamente ele tomou sobre si as nossas enfermidades e as nossas dores levou sobre si; e nós o considerávamos como aflito, ferido de Deus e oprimido. Mas ele foi traspassado por causa das nossas transgressões e esmagado por causa das nossas iniquidades;*

> *o castigo que nos traz a paz estava sobre ele, e pelas suas feridas fomos sarados.*

As aflições de Cristo levaram nossos pecados, dores e enfermidades. Ele carregou nossas transgressões na Cruz, que se tornou um símbolo de vida e justiça, e não de morte. Quando muitos, no passado, me disseram: "Jesus ressuscitou; por que você quer vê-lO na cruz?", eu respondi: "Sem Sua morte, eu não conheceria o perdão dos pecados e a cura que vem por intermédio da confissão".

POR QUE CONFESSAR?

Dentro desse cenário, a confissão é um passo importante no anseio por justiça e faz parte do plano de Deus para nossas vidas, como indivíduos e comunidade. O apóstolo João nos diz: "Se confessarmos os nossos pecados, ele é fiel e justo para nos perdoar os pecados e nos purificar de **toda** injustiça" (1 João 1.9 – grifo nosso). Essa promessa revela qual deve ser o nosso posicionamento diante do Senhor. A confissão de pecados restaura nosso relacionamento com Ele, pois, quando somos sinceros em Sua presença, podemos buscar a santidade sem que haja impedimentos. Além disso, a Palavra nos oferece ainda um outro passo para sermos curados; é necessário confessarmos uns aos outros: "Portanto, confessem os seus pecados uns aos outros e orem uns pelos outros, para que vocês sejam curados [...]" (Tiago 5.16).

POR MEIO DE JESUS, SOMOS TRANSFORMADOS E SACIADOS DAQUILO QUE NECESSITAMOS PROFUNDAMENTE.

Muitas pessoas me dizem: "Mas eu confessei meu pecado a Deus. Por que tenho de contá-lo a alguém? Já não estou perdoado?". Sim, você está perdoado; porém, pode ser muito mais fácil confessar suas falhas a Deus, a quem você não pode ver, do que olhar seu irmão ou irmã nos olhos e confidenciar segredos tão profundos. Por outro lado, a Bíblia é clara ao dizer que, ao confessarmos nossas dificuldades ou falhas a alguém temente ao Senhor e maduro na fé, somos curados e podemos receber ajuda oportuna para lutarmos contra esses males. A cura completa só vem através da confissão.

Além disso, existe um perigo em não colocarmos para fora aquilo que mata nosso espírito, alma e até corpo, uma vez que Satanás age por meio da culpa e acusação. Se ele puder, fará com que nos alienemos dos outros e nos convencerá de que o que fizemos é muito vergonhoso, e que jamais poderíamos contar a outras pessoas. Dessa forma, nós acabamos abrindo lugar para a vergonha e as mentiras que o Inimigo diz a nosso respeito.

Por outro lado, se desejamos viver na Verdade e em liberdade, devemos expor nossas fraquezas. Em 1 João 1.7, a Bíblia nos lembra de uma preciosa verdade: "Se andarmos na luz, como ele está na luz, mantemos comunhão uns com os outros, e o sangue de Jesus, Seu Filho, nos purifica de todo pecado". Para andarmos na luz, devemos trazer nosso pecado à tona, assim a escuridão é iluminada.

Já reparou como um pequeno foco de luz é capaz de iluminar um ambiente inteiro? Eu vivi uma experiência que ilustra muito bem essa realidade a respeito da luz da Palavra. Minha família e eu, recentemente, fizemos um passeio por uma caverna escura. Quando chegamos a uma gruta, bem no fundo, a pessoa que nos guiava disse para nos segurarmos em um corrimão e, então, apagou as luzes.

Eu nunca tinha experimentado uma escuridão como aquela antes. O breu era tão intenso que eu nem sequer conseguia ver minha mão na frente do meu rosto. A pedido do guia, liguei a lanterna do meu celular e a pequena luz, que vinha dele, dissipou a escuridão, de modo que podíamos ver toda a caverna. Da mesma forma, quando deixamos a Palavra invadir nosso interior, nossa alma é iluminada. Lembre-se: mesmo uma pequena quantidade de luz é capaz de vencer as trevas.

A CONFISSÃO TRAZ CURA

Muitas mudanças no cenário religioso ocorreram por causa da Reforma Protestante, trazendo diversos benefícios, mas infelizmente alguns princípios poderosos acabaram sendo perdidos, como o da confissão de pecados. De fato, em várias comunidades, essa cultura ainda existe de forma saudável; isto é, encontram-se pessoas confiáveis e preparadas, que ajudarão aquele que confessa a ser curado e a aceitar o perdão de Deus, sem qualquer tipo de desrespeito. Sou muito grato por isso; mas, por vezes, esse processo não acontece e, consequentemente, não há uma cura completa. Até hoje, muitos irmãos e irmãs vêm a mim para confessar pecados que já foram expostos a alguém, porém persistem em se sentir envergonhados em seus próprios corações e mentes. E por que isso acontece?

O ato de falar é necessário, mas fazê-lo de forma sincera e receber perdão é tão importante quanto. Grande parte do que a Palavra afirma em Mateus 18.18-20 aborda o perdão das ofensas e dos pecados. Aqui, Jesus introduz uma verdade que é muito necessária para a Igreja de hoje: se estivermos n'Ele, podemos vencer o pecado, e, em obediência à Sua Palavra, devemos liberar perdão. Nesse processo, quando somos direcionados por alguém capacitado, temos a convicção de que a reconciliação e a restauração de que nossa alma ferida necessita estão sendo ligadas na Terra e no Céu (cf. Mateus 18.18).

Além disso, a profundidade de nossa confissão afetará a profundidade de nossa libertação. É importante que tenhamos fome de libertação e cura, porque isso está intimamente ligado à fome de justiça. Sendo assim, precisamos revelar nossos pecados uns aos outros sem justificar os motivos pelos quais erramos, e devemos nos lembrar de que confessar significa concordar com Deus. Afinal, no Dia do Juízo, quando estivermos diante

> **ALÉM DISSO, A PROFUNDIDADE DE NOSSA CONFISSÃO AFETARÁ A PROFUNDIDADE DE NOSSA LIBERTAÇÃO.**

d'Ele, não tentaremos explicar todas as razões pelas quais pecamos contra o Senhor e Sua lei.

Da mesma forma, quando nos confessamos uns aos outros, devemos evitar justificativas; uma simples declaração do pecado, seguida de um arrependimento genuíno, é suficiente. Um bom exemplo seria: "Eu cometi o erro de _____, que é uma ofensa contra o Senhor. Concordo que isso é pecado, arrependo-me e peço perdão e cura".

Por outro lado, vale lembrar que a pessoa que ouve a confissão também está em uma posição que requer bastante cuidado e atenção, pois tem de oferecer um lugar seguro e de amor para seu irmão. Quando oro por alguém que confessa seu pecado, eu o oriento a deixá-lo aos pés da Cruz, e o ajudo lembrar de que estamos ligando aquela confissão na Terra e no Céu (cf. Mateus 18.18), de modo que ele possa confiar que o Senhor o perdoou.

Sirvo a uma função sacerdotal, como um instrumento para reafirmar as verdades do Pai sobre a vida das pessoas, ensinando e declarando que estão perdoadas, em nome de Jesus. Então, nesses casos, após ouvir uma confissão, faço uma oração e uma unção com óleo. Esse elemento não é mágico ou sagrado, trata-se simplesmente de uma simbologia da bênção de Deus. Por fim, convido o Espírito Santo para vir e derramar Suas verdades sobre a pessoa, e oro com ela.

Receber oração depois da confissão é vital para a cura, pois neste momento o Espírito Santo fala intimamente aos corações. Aqueles por quem oro, costumam ir embora leves e confiantes de que seus pecados foram lavados e que estão realmente livres da vergonha. Sentem-se capazes de buscar o Senhor com todo o coração, tudo isso graças à poderosa ação do Espírito em seu interior, que lhes dá a certeza de que foram completamente redimidos e estão livres do pecado.

Assim, recomendo que, se você precisa confessar seus pecados e faz parte de uma família na fé, onde uns oram pelos outros, ou estuda sobre este assunto em grupo, permita que o responsável o direcione nas etapas de:

1. confissão do pecado sem desculpas;
2. entrega do pecado aos pés da Cruz;
3. liberação de perdão;
4. bênção com óleo, que representa a unção do Espírito Santo;
5. oração.

Para viver em liberdade no Senhor, pratique a confissão na sua comunidade local. Encontre um amigo maduro espiritualmente, um líder ou um irmão na fé que o guiará por essas etapas. Certifique-se de encontrar alguém que seja temente e maduro em Deus, que não trairá sua confiança.

Quando temos fome de justiça, o Senhor nos promete que seremos fartos. A palavra grega para "cheio" significa literalmente estar satisfeito — cheio além da capacidade.[4] Isso não é emocionante? Assim que estivermos famintos por Sua justiça plena, seremos satisfeitos além de nossas expectativas. Portanto, devemos nos perguntar, no presente, se estamos nos satisfazendo com pouco. Por isso, peça, ainda hoje, que Deus aumente a fome por Sua presença e por Sua justiça, e assim você receberá cura, integridade e uma nova vida autêntica, em comunhão com o Pai e com seus irmãos.

---

[4] N. E.: trata-se da palavra *chortazo* (χορτάζω).

PARA REFLETIR

1. Você tem fome de uma justiça plena? Se não, consegue identificar o que lhe impede de querer tudo o que Deus tem para você? Anote seus pensamentos sobre o que está impossibilitando você de ter uma devoção sincera a Ele e a Sua justiça.

2. Qual é o único pecado que você nunca contou a alguém? O que tem o barrado de fazer isso?

3. Escreva os pecados que você sabe que precisa confessar a outra pessoa. Liste-os, sem desculpas, e busque alguém para revelá-los.

4. Você acredita que Deus perdoa seus pecados? Por quê?

Bem-aventurados os misericordiosos:
A verdadeira feminilidade

05

> **BEM-AVENTURADOS OS MISERICORDIOSOS, PORQUE ALCANÇARÃO MISERICÓRDIA.**
>
> (MATEUS 5.7)

Em Mateus 5.7, Jesus abençoou os misericordiosos, garantindo que eles também receberiam misericórdia por suas atitudes. Ele realmente sabia o que era isso, afinal, passou por várias dificuldades em Sua vida e ministério. Embora muitas vezes estivesse cansado ou exausto, Cristo compadecia-Se das multidões e arrumava tempo para ouvir os problemas e dilemas que elas possuíam, bem como demonstrava Seu amor por meio de milagres e da pregação do Evangelho (cf. Mateus 9.36).

Para muitos de nós, a palavra **misericórdia** denota apenas a capacidade de ser bondoso. Mas essa característica é muito mais profunda do que somente atender às carências de alguém. De fato, a verdadeira misericórdia nos liga emocionalmente às necessidades de quem mais precisa. Para William Barclay, ministro da Igreja da Escócia, escritor e professor, esse sentimento é representado pela "habilidade de se colocar no lugar da outra pessoa até que possamos ver as coisas com seus olhos, pensar as coisas com sua mente e sentir as coisas com seus sentimentos".[1]

Quando penso em pessoas que demonstram a verdadeira misericórdia, assim como Jesus, lembro-me das mães. Elas são movidas pela necessidade de seus filhos, e sentem suas dores e dificuldades como se fossem próprias. Com certeza, foi o Senhor que colocou esse atributo em cada uma delas!

Por causa da maternidade, e tantas outras responsabilidades sociais, as mulheres tendem a estar mais em

---

[1] William Barclay, *The gospel of Matthew: volume I*, 2001.

contato com o lado **intuitivo** de seus corações. Contudo, isso não significa que os homens não sejam capazes de fazer o mesmo, mas, sim, que a vida as leva a desenvolverem mais esse aspecto. Diante disso, o que significa ser uma mulher de Deus? O que é a verdadeira feminilidade? Para obter uma compreensão mais completa dessas questões, devemos começar examinando a intenção original do Senhor para elas por meio do relato de sua criação.

O QUE É UMA MULHER DE DEUS?

No princípio, o Senhor criou todos os animais — mamíferos, pássaros e peixes — com a capacidade de se reproduzirem; cada espécie tinha um macho e uma fêmea (cf. Gênesis 1.21-22). Nesse contexto, somente Adão vivia sem uma companheira. Então Deus disse: "[...] Não é bom que o homem esteja só; farei para ele uma auxiliadora que seja semelhante a ele" (Gênesis 2.18). O termo hebraico, de difícil tradução, utilizado aqui é *ezer kenegdov*. A palavra *ezer* sempre denota alguém disposto a "ajudar". Já *kenegdov* significa "correspondente a" ou "igual a". Portanto, uma tradução livre para o trecho em questão seria: "Farei para ele uma igual, e que esteja disposta a ajudar". Isso se fez evidente quando, após a criação da mulher, o primeiro homem declarou: "[...] Esta, afinal, é osso dos meus ossos e carne da minha carne [...]" (Gênesis 2.23). Adão estava proclamando que Eva era como ele — uma igual, e não inferior.

No versículo seguinte, a Palavra diz: "Por isso, o homem deixa pai e mãe e se une à sua mulher, tornando-se os dois uma só carne" (Gênesis 2.24). A *Concordância de Strong*² define "unir-se", nesse contexto, como "grudar-se a" ou "aderir, segurar bem firme", "perseguir de perto".³ Nós somos a noiva de Cristo, à espera das bodas do Cordeiro (cf. Apocalipse 19.6-8). Assim, o Senhor deseja que tenhamos intimidade com Ele (cf. João 17.23) da mesma forma que o homem busca sua companheira, transformando-se em uma só carne com ela.

Na verdade, os seres humanos foram criados para glorificar e conhecer ao Senhor. Em Provérbios 25.2, lemos que: "A glória de Deus é ocultar certas coisas; tentar descobri-las é a glória dos reis" (NVI). Isso significa que, ao passo que nos aproximamos do Pai, temos maior compreensão e acesso às revelações sobre quem Ele é. No entanto, adquirir esse conhecimento só é possível por meio de uma entrega total na busca por Sua presença. Jesus quer todo o nosso amor, e não aceitará um coração dividido, como a Palavra diz em Êxodo 20.5: "[...] Eu, o Senhor, sou o seu Deus e não tolero outros deuses [...]" (NTLH). Ele deseja que essa intimidade seja real. Então, se quisermos conhecê-lO, precisaremos estar dispostos a fazer nossa parte em nos apegar ao Senhor.

---

² N. T.: trata-se de uma concordância bíblica baseada na Versão King James, elaborada sob a supervisão do professor de teologia Dr. James Strong e publicada pela primeira vez em 1980.

³ N. E.: neste versículo, a palavra é *dabaq* (קָבַד).

OS SERES HUMANOS FORAM CRIADOS PARA GLORIFICAR E CONHECER AO SENHOR.

Uma verdadeira mulher de Deus tem o mesmo anseio. Ela não deseja apenas ser procurada por seu amado, mas também ser a única a possuir sua afeição. Assim, sente-se segura para demonstrar confiança, passando a se relacionar plenamente em empatia e misericórdia com seu cônjuge. No entanto, e acima de todas as coisas, a mulher deve saber que o Senhor a ama e que está segura com Ele, pois somente dessa forma será capaz de buscar por um relacionamento alinhado ao Seu coração.

A demonstração de misericórdia para com outras pessoas está profundamente relacionada à que recebemos de Deus. Então conhecê-lO e agir de acordo com Sua vontade dá a garantia de não somente fazer boas escolhas no presente, mas de gerar bons frutos em um futuro casamento. Seja nas responsabilidades do dia a dia, ou mesmo na sexualidade, a mulher terá a certeza de estar no centro da vontade do Senhor, com alguém que valorizará a pureza do seu coração e manifestará o amor do Pai. Não somente isso, mas ela, junto com seu marido, também será fortalecida e poderá blindar o lar contra qualquer investida do Maligno.

O INIMIGO

O Inimigo reconhece o poder que há no coração da mulher, e que sua função no casamento é de extrema importância. Além disso, Satanás a odeia e deseja destruí-la, pois ele sabe que os filhos de Deus carregam a beleza celestial dentro de si. Vemos isso desde Gênesis 3.14-15, quando o Senhor lançou uma maldição sobre a Serpente por ter enganado Eva, declarando que ambas seriam inimigas:

> *Então o Senhor Deus disse à cobra: — Por causa do que você fez você será castigada. Entre todos os animais só você receberá esta maldição: de hoje em diante você vai andar se arrastando pelo chão e vai comer o pó da terra. Eu farei com que você e a mulher sejam inimigas uma da outra, e assim também serão inimigas a sua descendência e a descendência dela. Esta esmagará a sua cabeça, e você picará o calcanhar da descendência dela.*
> (Gênesis 3.14-15 – NTLH)

Desde então, Satanás tem uma grande fúria contra a mulher e aquilo que ela representa: conceber a vida. Eva, assim como todas as mulheres depois dela, foi uma reprodutora, e da sua descendência viria Alguém que esmagaria a cabeça da Serpente. É por isso que há uma investida tão grande das forças das trevas contra a maternidade, a família e o amor pela vida.

> **AO PASSO QUE NOS APROXIMAMOS DO PAI, TEMOS MAIOR COMPREENSÃO E ACESSO ÀS REVELAÇÕES SOBRE QUEM ELE É.**

Podemos ver essa ação demoníaca desde os tempos bíblicos até os dias atuais. Na época de Cristo, por exemplo, as mulheres eram consideradas uma propriedade. Ao longo da História, em várias culturas, meninas foram abandonadas à morte pelo simples fato de não serem meninos — uma realidade que continua na China e em países em desenvolvimento. A antiga prática chinesa de amarrar os pés das mulheres, o chamado "pé de lótus", deixou diversas vítimas mutiladas pelo resto de suas vidas. Nas nações islâmicas, onde a *sharia* é praticada, as mulheres não podem andar sozinhas ou mostrar o rosto. Fora isso, quando visitamos Uganda, pudemos observar que as ugandesas mantinham a cabeça mais baixa do que a de qualquer homem que estivesse próximo a elas, mesmo que isso as fizesse tropeçar ou cair no chão.

Na sociedade ocidental, notamos o crescimento de um outro tipo de desvalorização. Vemos outdoors de mulheres em poses degradantes nas grandes metrópoles, enquanto outras são usadas como objetos na indústria multibilionária da pornografia. Pelo mundo todo, há muitas sendo vendidas e exploradas sexualmente a cada ano. Portanto, isso também nos mostra que a imagem da mulher tem sido deturpada e removida de sua projeção original, que é de pureza e virtude.

Por conta da Queda, a natureza humana foi corrompida, e, consequentemente, as mulheres precisam ter suas identidades restauradas pelo Senhor, pois o pecado fez com que muitas se afastassem da verdadeira feminilidade, colocada por Deus em seu interior. Então é possível que, ao darem ouvidos às mentiras ditadas pelo mundo, elas deixem de escutar a voz do Pai e se convençam de que não podem confiar em ninguém, muito menos n'Ele. Por esse motivo, seu valor e significado são resumidos a coisas fúteis ou apoiados unicamente em outras pessoas, como um marido, amigos, filhos ou figuras de autoridade.

Outras também tentam confrontar essa realidade por meio do controle, recusando toda e qualquer ajuda; ou, ainda, sendo autoprotetoras. Por causa disso, o mandato divino de serem sujeitas aos seus maridos (cf. Efésios 5.22-23) ganha uma conotação opressiva e preconceituosa, distante das verdades bíblicas. Em alguns casos, a repulsa será tamanha que ela romperá qualquer relação com o outro sexo ou rejeitará sua própria feminilidade.

PARTE DA HISTÓRIA DE DONNA: A NEGAÇÃO DA FEMINILIDADE

Eu mesma neguei minha feminilidade durante anos, por causa de feridas que sofri em minha infância.

Na verdade, eu via o lado feminino como algo fraco, pois minha mãe permitiu que ela e suas filhas fossem abusadas por homens diversas vezes. Por essa razão, decidi que eu seria completamente diferente dela. Então comecei a usar moletons largos, jogar rugby, andar de moto e me tatuar. Essa foi a minha maneira de rejeitar quem eu realmente era, conseguir manter as pessoas afastadas e jamais deixar minha beleza vir à tona; afinal de contas, quando a havia expressado anteriormente, homens abusaram verbal e sexualmente de mim. Por isso, jurei que nunca mais confiaria em qualquer pessoa quando o assunto fosse minha intimidade.

Quando, porém, Deus começou a me curar, tive de encarar os votos que fiz contra minha feminilidade e arrepender-me de todos eles. Também precisei perdoar minha mãe; e, ao fazer isso, minha personalidade saiu das sombras. No primeiro domingo após ser liberta dessas mentiras, quis usar um novo vestido para ir à igreja. É claro que há diversas maneiras de expressar a beleza feminina; no meu caso, seria voltar a me vestir dessa forma. Não queria apenas provar que estava diferente, mas realmente me sentir bonita de novo.

Tom, meu amigo e parceiro de oração (que, mais tarde, se tornaria meu marido), disse que aquela não era apenas uma mudança externa, pois eu havia também mudado minha postura, me tornando mais doce e vulnerável. Há pessoas que me conhecem hoje e dizem que nunca me imaginariam como a mulher durona que eu afirmo que costumava ser.

A
VERDADEIRA
MISERICÓRDIA
NOS LIGA
EMOCIONALMENTE
ÀS
NECESSIDADES
DE QUEM
MAIS
PRECISA.

A VERDADEIRA FEMINILIDADE

Como a verdadeira feminilidade é restaurada? As mulheres precisam, voluntariamente, baixar os muros de proteção e isolamento que construíram ao redor de seus corações, e confiar que o Senhor cuidará bem delas. Devem pedir a cobertura do sangue de Jesus sobre seus pecados, bem como a graça para perdoar e mostrar misericórdia aos outros. Quando oferecem misericórdia àqueles que as feriram, mesmo que essas pessoas não mereçam, recebem o mesmo favor de Deus. Ao agirem assim, também expressam a beleza que Ele quer que carreguem.

Ou seja, para além de expressar uma beleza externa, é essencial que sejam cheias de amor, conforme o exemplo de Jesus, de tal forma que se tornem uma companhia agradável. Essa era a dádiva da presença do Mestre, e todos nós, homens e mulheres, precisamos compartilhar da mesma graça.

Se você é mulher, lembre-se sempre daquilo que Deus diz a seu respeito; que Ele aprecia sua beleza e que teve o coração cativado por você. Portanto, deixe o que existe de mais precioso no seu interior ser manifesto a todos, como sua maior expressão de fé. Não se esqueça de que o Senhor anseia tê-la por completo, ser seu Noivo e melhor Amigo.

Ouça, filha, olhe e preste atenção: esqueça o seu povo e a casa de seu pai. Então o rei ficará encantado com a sua formosura; por ser ele o seu senhor, incline-se diante dele. (Salmos 45.10-11)

> *Como você é bela, minha querida! Como você é linda! [...]*. (Cânticos 4.1)

> *Você roubou meu coração, meu amor, minha noiva; roubou meu coração com um só dos seus olhares, com uma só pérola do seu colar.* (Cânticos 4.9)

> *Portanto, eis que eu a atrairei, e a levarei para o deserto, e lhe falarei ao coração. E ali eu lhe devolverei as suas vinhas e farei do vale de Acor uma porta de esperança. Ali ela me responderá como nos dias da sua mocidade e como no dia em que saiu da terra do Egito. Naquele dia, diz o Senhor, ela me chamará de "Meu Marido", e não me chamará mais de "Meu Baal".* (Oseias 2.14-16)

De fato, quem confia e crê em Deus, não tem ambição apenas pela beleza exterior, a qual é passageira, mas por um espírito manso e tranquilo (cf. 1 Pedro 3.3-4). A pessoa que é assim pode estender graça e misericórdia aos outros, além de conceder espaço para que sejam quem verdadeiramente nasceram para ser.

FAÇA ESTA ORAÇÃO

Para as mulheres que estão lendo

Jesus, agora consigo enxergar o mal que o Inimigo causou em meu coração. Fui ferida, e a essência da beleza de Deus, dentro de mim, foi afetada. Construí muros de proteção em volta do meu coração para manter as pessoas distantes, mas agora sei que preciso derrubá-los, permitindo que o Senhor entre e me cure. Eu Lhe digo: "Entre! Cure meu coração! Remova as feridas que me prendem!". Lanço fora os traumas gerados por palavras ou ações que machucaram minha alma e feminilidade.

Dê-me graça para perdoar aqueles que me magoaram e ajude-me a mostrar misericórdia com todos. Pai, coloque o Seu amor restaurador dentro de mim e permita-me ver a beleza que depositou em meu interior. Deixe-me ouvir Suas palavras de amor e afirmação. Eu recebo a Sua misericórdia!

Fique em silêncio na presença de Deus e permita que Ele traga à tona as feridas do seu coração. Deixe que Ele lhe mostre momentos nos quais você se sentiu feia ou indesejada. Permita que o Espírito Santo revele episódios em que você foi abusada verbal ou sexualmente. Então deixe que essas dores recaiam sobre Jesus e que Ele carregue as suas aflições!

Abra espaço em seu interior para que o conforto do Espírito Santo a encontre agora. Na segurança de

Sua presença, liberte-se dos muros de proteção que você construiu. Coloque as mãos sobre o coração e, em seguida, se prostre, dizendo:

Eu derrubo meus muros de proteção. Jesus, eles serviram a um propósito, mas agora eles O mantêm do lado de fora do meu coração. Quero deixar o Senhor entrar. Peço-Lhe que revele Seu amor, e declare o Seu conforto e beleza sobre mim.

Receba aquilo que Ele deseja dizer a você!

Para os homens que estão lendo

Permita que o Espírito Santo lhe mostre momentos em que você desonrou mulheres em sua vida. Deixe que Ele revele circunstâncias em que as objetificou ou as tratou de forma egoísta. Leve seus pecados até a Cruz de Jesus Cristo. Arrependa-se e seja purificado!

PARA REFLETIR

PERGUNTA ÀS MULHERES

1. Você tem rejeitado sua beleza ou feminilidade?

2. Você construiu muros de autoproteção para afastar as pessoas e as experiências da sua vida? Se sim, do que eles a protegeram?

3. Existem feridas em seu coração que fizeram com que você se fechasse? Algum namorado a magoou? Seu pai a rejeitou? Sua mãe foi passiva, e você decidiu ser o oposto dela? Ou ela era difícil de conviver e você a afastou? Pense um pouco se existe outro motivo que a fez fechar o coração.

Bem-aventurados OS PACIFICADORES:
A VERDADEIRA MASCULINIDADE

06

> *BEM-AVENTURADOS OS PACIFICADORES, PORQUE SERÃO CHAMADOS DE FILHOS DE DEUS.*
>
> *(MATEUS 5.9)*

Deus promete uma bênção poderosa para aqueles que são pacificadores: eles serão chamados Seus filhos. É importante, então, que entendamos o conceito que a Palavra nos apresenta nesse trecho. Ao contrário do que muitos podem pensar e, até mesmo, do que a perspectiva do mundo nos mostra, a manutenção da paz não ocorre através da inatividade, negação e passividade, mas por meio de atitudes concretas. Isso quer dizer que o pacificador precisa agir, a fim de "fazer" a paz acontecer. Um exemplo disso é Jesus, que Se entregou voluntariamente na cruz (cf. Gálatas 1.4) para reconciliar o Homem com o Pai (cf. Romanos 5.10).

Para desempenharmos nossos papéis da forma como Deus planejou, é preciso que nos tornemos pacificadores, como Cristo foi. Neste capítulo, então, trataremos essa característica, especialmente quando abraçada por homens que desejam ser segundo o coração de Deus.

Para tanto, confrontaremos a concepção desta época, em que boa parte dos homens não têm mais certeza de sua masculinidade. Disseminam, nas sociedades ocidentais, que homens e mulheres são iguais e que não há diferenças, exceto, obviamente, as físicas. Afirma-se tal teoria como se fosse verdadeira e comprovada. Mas será que isso é verdade? O que Deus diz sobre ser homem?

O QUE É UM HOMEM DE DEUS?

Um homem de Deus deve ser um reflexo de quem o próprio Senhor é, uma vez que foi feito à Sua imagem e semelhança (cf. Gênesis 1.26-27). Deve também seguir os passos de Jesus e caminhar como Ele em Seus dias aqui na Terra; Cristo agia em amor, era manso e humilde de coração (cf. Mateus 11.29), pacificava as situações com grande sabedoria, graça e autoridade (cf. João 8.5-11). Portanto, em seus relacionamentos, os homens devem fazer o mesmo e, apesar das limitações humanas, buscar uma transformação genuína, em Deus. Agindo assim, é possível manter uma relação conjugal nutrida por amor, como o de Cristo por Sua Noiva (cf. Efésios 5.25-27).

Além disso, a capacidade de criar deve ser colocada em prática, pois essa é uma característica do Senhor que Ele compartilha com a humanidade. Adão foi chamado à ação assim que foi formado, quando Deus o nomeou. Há muita especulação sobre a versão hebraica de seu nome, mas uma definição é "da terra"[1], ou seja, Adão, como o primeiro ser humano criado, reflete a nossa natureza e condição: fomos moldados da terra. Por conta disso, nossos corações estão fortemente ligados a ela, enquanto seus mordomos e proprietários. A palavra assíria antiga *adam*, ou *adamu*, é semelhante à palavra hebraica, que significa "criador". Portanto, os homens refletem a imagem de Deus em seu desejo de dar forma, tendo grande satisfação em construir novas coisas através do trabalho de suas mãos. O Senhor o colocou

---

[1] N. E.: com relação à origem da palavra, existem estudos sobre variações e possíveis significados do nome de Adão, além do significado mais conhecido de "homem".

> **A CAPACIDADE DE CRIAR DEVE SER COLOCADA EM PRÁTICA, POIS ESSA É UMA CARACTERÍSTICA DO SENHOR QUE ELE COMPARTILHA COM A HUMANIDADE.**

no jardim para sujeitar a terra, além de ser fecundo e multiplicar-se nela (cf. Gênesis 1.28). Trabalhar não fazia parte da maldição; os homens foram feitos para semear, gerir, criar e liderar, como reflexos do próprio Criador.

MASCULINIDADE FERIDA

Por ter esse impulso de trabalhar e formar novas coisas a partir de suas mãos, muitos homens podem acabar apoiando toda a sua identidade no que fazem, inclinando-se à comparação constante com os demais. Passam a basear sua relevância e autoestima em suas tarefas e atividades ou na honra que recebem de outras pessoas, e não em seu valor aos olhos de Deus.

Isso acontece, porque, conforme mencionado no capítulo sobre a ferida paterna, diversos pais dedicam muitas horas ao trabalho, negligenciando o tempo com seus filhos. Estes, por sua vez, precisam de direcionamento paternal para ajudá-los a caminhar no mundo, a descobrir quem são em Deus e a cumprir seus chamados. O problema é que, infelizmente, muitos pais não têm certeza de sua própria identidade e acabam se tornando inaptos para proporcionar a seus pequenos tal direção, que é tão necessária.

É importante, então, entendermos o porquê de esse vínculo ser essencial no desenvolvimento de pessoas, para que possam crescer certas de quem são. Em muitos casos, com o passar do tempo e à medida que cresce, cada homem se desvincula de sua mãe e começa a se aproximar de seu pai, como um cordão umbilical emocional que é cortado em algum momento, em um processo natural. Mas, se o pai estiver desconectado do seu próprio coração e masculinidade, ele não conseguirá ensinar o filho a ser homem. Desesperado, o rapaz se voltará a outros para o ajudarem a definir quem ele é, uma vez que há um vazio em seu coração. No entanto, as pessoas a quem ele procurará podem não ser alternativas muito boas, e sim meninos feridos, que precisam se sentir importantes e másculos. Eles, provavelmente, olharão para formas falsas e erradas de masculinidade para compensar o que não receberam das figuras paternas de suas vidas.

Quando analisamos o extremo do que essa falta é capaz de causar, vemos diversos jovens que entram para gangues buscando encontrar sua identidade. Essas comunidades apresentam uma falsa definição do que significa ser "um homem de verdade"; e, por mais distorcida que seja essa imagem, os rapazes sentem como se tivessem encontrado a resposta à questão que tanto aflige seus corações.

Os meninos que se voltam para esse caminho, muitas vezes, expressam um lado machista e excessivamente agressivo que, no fundo, parte de seu sofrimento. Por outro lado, alguns podem fazer o oposto, voltando-se para suas mães em busca de consolo, mesmo que já devessem ter conquistado independência enquanto homens. Nesse caso, eles não encontrarão traços masculinos com os quais se identificar, já que uma mulher não pode realmente ensinar um menino o que é a verdadeira masculinidade; apenas um homem consegue fazer isso.

Um outro ponto a se pensar é: existe a grande possibilidade de um pai que não é presente para o filho também não ser presente como um bom marido. E isso, às vezes, faz com que a mãe se apegue à criança de uma maneira não saudável, desabafando suas frustrações e raiva em relação aos homens. Uma atitude assim fará com que o rapaz internalize esse ódio e o direcione para si mesmo, desprezando sua hombridade. Esse tipo de relacionamento com a mãe pode ser descrito como incesto emocional.[2]

A rejeição é outra ferida na masculinidade. Quando, em seus grupos de colegas, homens são xingados, assediados fisicamente ou chamados por último para jogos esportivos, desconforto e insegurança podem surgir. Esse tipo de rejeição vinda de pessoas do mesmo sexo, mesmo que muito presente na realidade de jovens, causa

---

[2] N. E.: incesto emocional ocorre quando o responsável viola alguns limites emocionais em relação ao filho, transferindo sentimentos que deveriam ser direcionados a um parceiro amoroso.

danos duplos a uma alma já ferida. Assim também pode acontecer quando os meninos entram na puberdade; ao chamarem uma garota para o baile da escola ou para um encontro, podem acabar magoados caso o convite seja recusado. Isso os faz acreditar que o mundo do romance e das mulheres é perigoso e doloroso, tornando, para muitos, a pornografia ou a homossexualidade um caminho "mais seguro" a seguir.

Existem, ainda, diversos outros fatores nessa área que têm potencial para afetar a masculinidade de um homem, como o abuso sexual, as experiências precoces e a exposição à pornografia. Por essa razão, a Bíblia nos alerta repetidamente, em Cânticos, a não despertar o amor antes do tempo (cf. vs. 2.7; 3.5; 8.4), pois, quando isso acontece, os meninos podem ficar confusos acerca de seu gênero, comprometendo o entendimento saudável da área sexual. É possível que uma obsessão pelo sexo em suas formas erradas seja gerada, ou que se desliguem completamente da sua sexualidade.

INICIAÇÃO

Em muitas culturas mais antigas, o pai e outros homens da aldeia ou cidade faziam o menino passar por uma série de iniciações para que ele adentrasse a fase adulta. Esse tipo de ritual lhe ensinava lições importantes para viver de forma digna em sua comunidade. Os mais velhos mostravam ao jovem que sua hombridade e masculinidade não serviriam somente a ele, mas a um bem maior, proporcionando-lhe senso de propósito e missão.³ Por ser tão simbólico e prático, esse componente da iniciação faz muita falta em nossas famílias, igrejas e sociedade.

Vamos ver, então, como quase todas as cerimônias de iniciação ensinavam cinco lições valiosas, que são aplicáveis a todos os seres humanos — mas nos concentraremos nos rapazes. São elas:

1. a vida é dolorosa;
2. você não é tão importante assim;
3. a sua vida não é só sobre você mesmo;
4. você não está no controle;
5. você morrerá.

Nesse cenário, circuncisão, cicatrizes, tatuagens ou outras experiências dolorosas eram frequentemente usadas para ensinar que um homem não pode fugir da dor ou da perda. Ali, ele aprendia que deveria abraçar o sofrimento em vez de se desviar dele ou correr para as coisas que o aliviam, pois a dor teria de ser enfrentada "cara a cara". Esse ensinamento é extremamente valioso para todas as pessoas, afinal, mesmo como cristãos, experimentaremos decepção, traição e perda, pois vivemos em um mundo caído. Se caminharmos esperando que tudo seja fácil, ficaremos ofendidos e frustrados com Deus, com os outros e com nossa própria vida.

---

³ N. E.: o conteúdo e as informações sobre os tipos de iniciação e suas proporções em diferentes culturas foram inspirados e baseados no livro *Adam's return: the five promises of male initiation*, de Richard Rohr.

Quanto mais cedo um jovem aprender que terá de enfrentar dores, melhor será.

Para que essa passagem aconteça da forma correta, os rapazes precisam de alguém mais forte, mais inteligente e mais sábio do que eles para apontar suas fraquezas e sua pequenez, e, assim, ajudá-los a crescer. Isso, no entanto, vai contra os padrões das sociedades ocidentais, já que se valoriza demais a juventude, e os anciões são deixados de lado. Fugimos de qualquer coisa que faça com que nos sintamos fracos ou anulados. Para confrontar essa atitude, a Palavra nos mostra, constantemente, que não devemos viver com uma mentalidade individualista, e sim nos empenharmos para crescer em comunidade. É crucial haver pessoas caminhando conosco lado a lado, para juntos sermos quem nascemos para ser. Embora cada cristão seja importante para Deus individualmente, somos parte de um Corpo (cf. Romanos 12.5). Por isso, precisamos de figuras que nos mostrem a direção a seguir, que nos ensinem, corrijam e amem.

A iniciação também esclarece que os homens não são o centro do Universo, mas devem ser interdependentes; pois eles, sendo verdadeiramente quem foram criados para ser, são um presente para suas famílias, igrejas e comunidades. O Sermão do Monte (cf. Mateus 5-7) revela esse princípio de forma maravilhosa e com muita clareza. Deve-se viver em generosidade, servindo àqueles que precisam de liderança e considerando as consequências das decisões que afetarão as pessoas ao seu redor, ou mesmo a sociedade em geral. Alguém segundo o coração de Deus não deve ser guiado pela pergunta: "O que ganho com isso?"; mas, sim, pela inquietação que diz: "O que posso oferecer às pessoas por meio disso?".

É desafiador viver sob essa perspectiva não egoísta, segundo a qual devemos confiar plenamente no Senhor e uns nos outros para sermos restaurados. Isso vai na contramão de um dos mantras da realidade moderna, que tenta tomar o lugar no coração de jovens: "Assuma o controle de sua vida". Eles dizem: "Não quero que ninguém me fale o que fazer" e acabam não aprendendo a se sujeitar a figuras de autoridade ou sequer a desenvolver o autocontrole. Costumam agarrar-se a suas próprias capacidades como única e principal fonte de sucesso e alegria.

A iniciação, contudo, prepara o jovem para se submeter a outros que são mais fortes e mais inteligentes do que ele. Ela lhe ensina que, se quiser servir a Deus e caminhar em confiança n'Ele, deve entender que não é autossuficiente. Eu sou prova disso, pois, no início da minha caminhada com o Senhor, Ele me mostrou que eu precisava ver as coisas a partir de uma perspectiva celestial e perceber a Sua grandeza, com a certeza de que Ele estava no controle (cf. Romanos 8.28), e não eu.

Esse processo também envolve uma morte e um renascimento. A infância e a juventude podem trazer uma sensação de que viveremos para sempre; contudo, a efemeridade e a fragilidade da vida são uma dura realidade que devemos abraçar. Em outras culturas, muitas vezes, o iniciado é enterrado vivo, como uma representação

> **A PALAVRA NOS MOSTRA, CONSTANTEMENTE, QUE NÃO DEVEMOS VIVER COM UMA MENTALIDADE INDIVIDUALISTA, E SIM NOS EMPENHARMOS PARA CRESCER EM COMUNIDADE.**

de sua morte. Já no cristianismo, o batismo é esse ritual que, se devidamente explicado e realizado, pode ser um poderoso símbolo de sepultamento e ressurreição (cf. Colossenses 2.11-12), além de um lembrete das muitas pequenas mortes que experimentamos ao longo de nossa jornada e da abundância que surge quando encontramos o Pai.

Somente a partir de uma posição de humildade e compreensão de sua dependência do Senhor é que meninos feridos podem se tornar grandes homens de Deus. Para que isso aconteça, é necessário que eles tenham em quem se espelhar, pois é natural que busquem referência em outras pessoas. Ao longo da história, muitos ansiaram ser um valente **guerreiro**, um homem **apaixonado**, um grande **sábio** ou um **rei** poderoso.

Sabendo da necessidade de ter parâmetros, o Senhor proporciona aos jovens figuras masculinas como referência, esses "heróis da vida real". Trata-se de homens que os precederam e que se destacaram em suas identidades como um alto padrão de integridade e influência; é provável que eles tenham falhado, no entanto também se arrependeram e buscaram a restauração no Senhor. Esses exemplos positivos, encontrados ao longo da vida, são como impulsos para os homens, mostram que é possível atingir um alto parâmetro de masculinidade, à imagem de Cristo.

Entretanto, ainda que não tenham tido a iniciação como homens, Deus quer restituir esse processo e dar as identidades que Ele deseja para meninos, rapazes, adultos e senhores. Nunca é tarde demais para ser conduzido a uma masculinidade sólida.

DAVI: O HOMEM SEGUNDO O CORAÇÃO DE DEUS

Davi é um exemplo impressionante de masculinidade bíblica. Ele era poderoso na guerra, levantou-se e defendeu o nome de Deus contra o gigante pagão, Golias, e o matou com apenas uma pedra e um estilingue (cf. 1 Samuel 17). Derrotou os filisteus, batalha após batalha, e se tornou um guerreiro pelo qual os homens dariam suas vidas.

Ele era um homem corajoso e apaixonado pelo Senhor. Seu único desejo era estar na presença de Deus continuamente (cf. Salmos 27.4). Além disso, sua sabedoria o levou a tomar decisões que mais tarde lhe trariam honra; quando seus líderes de confiança lhe disseram para matar o rei, Davi não levantou a mão contra ele, pois acreditava que, no momento em que Deus quisesse que Saul fosse destituído, assim aconteceria (cf. 1 Samuel 24). Por essas grandes características e pela unção do Senhor sobre sua vida, ele foi um dos maiores reis de Israel, se não o maior. Com um coração generoso, ofereceu grande parte de sua riqueza para a construção da casa de Deus (cf. 1 Crônicas 29). Davi sempre colocou a reputação do Senhor acima de tudo e se importava profundamente com as pessoas que liderava.

Ainda assim, apesar de seus grandes feitos, ele também é exemplo de um homem que falhou, especialmente na área dos relacionamentos. Mesmo que tivesse muitas esposas, desejou a de outro homem, chegando ao ponto de matá-lo para tomá-la para si (cf. 2 Samuel 11). Isso trouxe destruição para sua casa. Além disso, ele não foi um bom modelo de pai, o que lhe trouxe muita dor em seus últimos anos. No entanto, o próprio Deus disse que ele era um homem segundo o Seu coração (cf. 1 Samuel 13.14; Atos 13.22); Ele viu que Davi realmente desejava ser um servo rendido à Sua vontade. Essa história serve como encorajamento aos homens (e também às mulheres), de que podem buscar a Deus com confiança, mesmo que sejam imperfeitos ou tenham sido feridos.

JESUS: O EXEMPLO DEFINITIVO DE MASCULINIDADE

Jesus é, claramente, o único exemplo perfeito de verdadeira masculinidade. Embora fosse Deus em carne, viveu como qualquer outro homem, enfrentando as mesmas tentações pelas quais os seres humanos passam.

A imagem de Cristo convida os homens a abandonarem uma masculinidade religiosa e observarem n'Ele as características que, enquanto cristãos, devem incorporar em suas vidas. A seguir falaremos de algumas delas.

No livro de Apocalipse, e em toda a literatura escatológica do Antigo Testamento, vemos Jesus revelado como um guerreiro valente e forte (cf. Apocalipse 19.11-21). Seus olhos são como chamas de fogo (cf. Apocalipse 1.14), e Sua língua é uma espada que esmaga e derrota todos os que se opõem a Ele (cf. Apocalipse 19.15). Em Isaías 63, lemos uma das representações mais poderosas do filho de Deus, quando Ele, em Sua ira, destrói Edom. Ali, não é apresentado um Cristo passivo, o qual diversos filmes de Hollywood se esforçam tanto para caracterizar. Enxergamos um Senhor poderoso, vestido de força. Assim, Seus filhos podem entender que, n'Ele, sua masculinidade é forte.

Jesus também é um homem apaixonado, que anseia voltar para buscar e reivindicar Sua Noiva, a fim de tê-la com Ele para sempre (cf. 1 Tessalonicenses 4.16-18; João 14.1-4). Sendo imensamente amoroso, Seu grande ato de amor aconteceu quando, voluntariamente, sacrificou Sua própria vida por ela. Por isso, espera que Seus irmãos (cf. Romanos 8.29) façam o mesmo, entregando-se por suas famílias (cf. Efésios 5.25).

Ele é o Homem mais sábio que já existiu e sempre tem as respostas para as questões da humanidade. Quando era questionado pelos fariseus, muitas vezes lhes fazia outra pergunta, que revelava uma nova camada acerca do

Reino de Deus, e desorientava a lógica humana. Cristo, por meio do Espírito Santo, conhecia os pensamentos e intenções dos corações daqueles que O questionavam e continuamente confundia os líderes religiosos de Seu tempo, de modo que não conseguiam apanhá-lO em nenhuma armadilha, pois não havia pecado pelo qual pudessem condená-lO.

Por fim, Jesus é um Rei grandioso. Ele começou a estabelecer o Seu Reino há dois mil anos e nos lembra, como Igreja, de que o trabalho ainda não terminou. A plenitude desse Reino será estabelecida quando Ele retornar à Terra. Sobre esse dia, a Bíblia afirma que "[...] com cetro de ferro as governará [...]" (Apocalipse 2.27), o que significa que o fará com força e capacidade contra qualquer um que se coloque contra a Sua perfeita vontade.

A VERDADEIRA MASCULINIDADE

Os homens devem reconhecer suas necessidades e perceber suas fraquezas, arrependendo-se e clamando a Deus por conta das muitas formas de corrupção de sua masculinidade. É preciso que parem de esconder sua dor, causada pela falta de posicionamento no papel para o qual nasceram, para desempenhá-lo e permitir que o Pai os cure. Eles devem aceitar sua verdadeira essência, como trabalhadores e pacificadores, além de refletirem esses aspectos do caráter de Cristo, não mais encontrando sua identidade no que os outros dizem sobre suas realizações;

PARA DESEMPENHARMOS NOSSOS PAPÉIS DA FORMA COMO DEUS PLANEJOU, É PRECISO QUE NOS TORNEMOS PACIFICADORES, COMO CRISTO FOI.

mas entendendo que somente Deus deve afirmar quem são e julgá-los.

O fato de um homem compreender sua identidade é um presente para o bem dos outros. Para que essa restauração aconteça de maneira real e profunda, o Senhor os chama para o perdão e a libertação de seu egoísmo e orgulho. Sim, é preciso abrir mão do controle de suas vidas e aprender a confiar em Deus, acreditando que Ele será o Pai que nunca tiveram, se esse for o caso. O Senhor irá direcioná-los e guiá-los no caminho da verdadeira masculinidade. Todo homem deve se livrar, também, da passividade ou de qualquer representação falsa de força, e cultivar um estilo de vida de submissão e obediência à liderança ordenada por Deus.

Por último, os homens devem morrer para si. É necessário que, diariamente, trilhem o caminho da Cruz e aprendam a verdade divina de que as pequenas mortes são parte da vida cristã cotidiana. Ao entenderem isso, se sentirão confiantes para enfrentar processos dolorosos, em que deixam para trás seu antigo modo de viver e renascem em Cristo, seguros de sua condição de filhos de Deus, sem duvidar de seu papel e importância em Sua família. Quando renunciam a si, repousando na certeza de que o Pai os ama, cuida de suas necessidades e os protege, passam a refletir Sua face e se tornam grandes homens de Deus.

Ao andarem segundo a verdadeira masculinidade, as pessoas não somente verão suas atitudes, mas enxergarão em suas vidas a identidade derramada sobre eles: de bons guerreiros, que lutam por aqueles que não têm voz. Todos testemunharão que eles são apaixonados, amam a Deus em primeiro lugar e ao próximo como a si mesmos (cf. Mateus 22.37-40), sem esperarem algo em troca. Eles serão sábios, que vivem de acordo com o conselho do Senhor e Suas palavras, buscando-O em todos os seus caminhos. Ao manifestarem essas qualidades, serão como reis e governantes que possuem autoridade e liderança espiritual autênticas. Então saberão que eles — aqueles que promovem a paz de maneira divina — são filhos do Pai Celestial.

FAÇA ESTA ORAÇÃO

Para os homens que estão lendo

Pai Celestial, obrigado por ter enviado o Seu Filho para me salvar. Obrigado por me aceitar e amar, apesar das minhas falhas. Venho ao Senhor com o coração aberto e ciente da minha necessidade. Ainda não entendo muito bem meu papel, pois não fui guiado por meu pai ou outras pessoas (ou fui, mas de maneira errada). Então, peço que me mostre o que é ser um homem segundo a Sua vontade.

Reconheço que a vida é dolorosa e que meu coração foi ferido. Mas, neste momento, volto-me ao Seu trono e oro para que coloque em meu caminho homens tementes ao Senhor para me mostrarem a direção, juntamente com Cristo. Peço-Lhe que entre em meu coração, onde há rejeição e confusão, e traga a Sua cura.

Fique em silêncio e permita que o Espírito Santo revele quaisquer dores no seu coração em relação à sua masculinidade. Entregue-as ao Senhor e deixe que Ele traga conforto às áreas feridas.

Entrego o controle a Deus e deixo de lado toda ilusão de que sou forte sozinho. Eu me arrependo de tirar vantagem das fraquezas dos outros e de ter abandonado minha posição de firmeza e adotado um papel passivo e fraco. Aceito meu lugar como homem, permito que assuma o controle e seja o Senhor de toda a minha vida.

Permita que o Espírito Santo lhe revele as áreas de sua masculinidade que foram corrompidas. Deixe que Ele lhe mostre em que circunstâncias você se tornou autossuficiente, exerceu sua força sobre os outros indevidamente, ou abdicou de sua posição e se tornou passivo. Arrependa-se de tudo o que o Senhor lhe mostrar e permita que Seu perdão e graça invadam seu coração.

Senhor, me perdoe pelo meu egoísmo. Faça de mim um homem à Sua imagem. Ensine-me a defender os indefesos e usar minha força, sabedoria e humildade para servir aos outros. Conduza-me a aceitar com alegria o caminho da Cruz e morrer para meus próprios sonhos, ambições e egoísmo. Leve-me a abraçar a Sua vontade e amá-lO com tudo o que eu sou, até o fim. Eu Lhe agradeço porque me fizeste um guerreiro, um rei, um sábio e um homem apaixonado pelo Senhor.

Sente-se em silêncio, e ouça a voz mansa e delicada do Espírito. Permita que Ele lhe mostre quem você é n'Ele, e escute-O sussurrar como você pode se tornar um homem segundo o Seu coração.

Para as mulheres que estão lendo

Deixe que o Espírito Santo lhe revele maneiras pelas quais você desonrou, feriu ou enfraqueceu homens ao longo de sua vida. Arrependa-se de tudo o que Deus lhe mostrar e receba o Seu toque purificador e perdão. Peça que Ele também lhe ensine como a masculinidade é uma dádiva para o Corpo de Cristo.

PARA REFLETIR

PERGUNTAS AOS HOMENS

1. Em quais áreas sua masculinidade está ferida?

2. Para onde você corre quando sente o vazio interior e quer aliviar a dor?

3. Quem são os heróis e exemplos de masculinidade de sua vida? Por que, em seu ponto de vista, eles merecem esse posto?

4. Você acredita que Deus o ama e o quer perto d'Ele? Por quê?

Bem-aventurados OS PERSEGUIDOS:
O PERDÃO

07

"

BEM-AVENTURADOS
OS PERSEGUIDOS POR
CAUSA DA JUSTIÇA, PORQUE
DELES É O REINO DOS CÉUS.
BEM-AVENTURADOS SÃO VOCÊS
QUANDO, POR MINHA CAUSA, OS
INSULTAREM E OS PERSEGUIREM,
E, MENTINDO, DISSEREM TODO
MAL CONTRA VOCÊS. ALEGREM-SE
E EXULTEM, PORQUE É GRANDE A
SUA RECOMPENSA NOS CÉUS; POIS
ASSIM PERSEGUIRAM OS PROFETAS
QUE VIVERAM ANTES DE VOCÊS.

(MATEUS 5.10-12)

"

É impossível passar ileso pela vida. Em nossa jornada, enfrentaremos dor, sofrimento, incompreensão e perseguição. Afinal, como seguidores de Cristo, não devemos viver de acordo com os padrões deste século e, muitas vezes, seremos atacados por carregar Seu nome e preceitos. No entanto, o próprio Jesus disse que, ao sermos atingidos por injúrias e perseguições por Sua causa, devemos nos alegrar, pois há uma recompensa reservada a nós no Céu.

Contudo, viver dessa forma só é possível por meio do perdão. Isso porque não podemos reagir à dor com amargura e ressentimento, mas, sim, da maneira como o Senhor ensina mais adiante no Sermão do Monte: "Eu, porém, lhes digo: amem os seus inimigos e orem pelos que perseguem vocês" (Mateus 5.44).

A expressão do amor no perdão é um princípio fundamental ensinado em toda a Bíblia. Não se trata de uma opção, mas de uma condição; se quisermos ser perdoados, deveremos perdoar. Marcos 11.26 nos diz: "Mas, se vocês não perdoarem, também o Pai de vocês, que está nos céus, não perdoará as ofensas de vocês".

É, então, possível abençoar aqueles que nos ferem física e emocionalmente? E como podemos fazer isso de forma sincera? Neste capítulo, iremos entender, com base na Palavra, como conseguiremos nos tornar livres de ofensas em nosso coração.

A GRAÇA E A LEI

Para que nossas atitudes sejam permeadas por graça, precisamos compreender como o perdão de nossos próprios pecados acontece. No Novo Testamento, encontramos uma das maiores parábolas sobre essa questão:

Então Pedro, aproximando-se, perguntou a Jesus: — Senhor, até quantas vezes meu irmão pecará contra mim, que eu lhe perdoe? Até sete vezes? Jesus respondeu: — Não digo a você que perdoe até sete vezes, mas até setenta vezes sete. Por isso, o Reino dos Céus é semelhante a um rei que resolveu ajustar contas com os seus servos. E, passando a fazê-lo, trouxeram-lhe um que lhe devia dez mil talentos. Não tendo ele, porém, com que pagar, o senhor desse servo ordenou que fossem vendidos ele, a mulher, os filhos e tudo o que possuía e que, assim, a dívida fosse paga. Então o servo, caindo aos pés dele, implorava: "Tenha paciência comigo, e pagarei tudo ao senhor." E o senhor daquele servo, compadecendo-se, mandou-o embora e perdoou-lhe a dívida. — Saindo, porém, aquele servo, encontrou um dos seus conservos que lhe devia cem denários. Agarrando-o, começou a sufocá-lo, dizendo: "Pague-me o que você me deve." Então o seu conservo, caindo aos pés dele, pedia: "Tenha paciência comigo, e pagarei tudo a você."

Ele, porém, não quis. Pelo contrário, foi e o lançou na prisão, até que saldasse a dívida. — Vendo os seus companheiros o que havia acontecido, ficaram muito tristes e foram relatar ao seu senhor tudo o que havia acontecido. Então o senhor, chamando aquele servo, lhe disse: "Servo malvado, eu lhe perdoei aquela dívida toda porque você me implorou. Será que você também não devia ter compaixão do seu conservo, assim como eu tive compaixão de você?" E, indignando-se, o senhor entregou aquele servo aos carrascos, até que lhe pagasse toda a dívida. Assim também o meu Pai, que está no céu, fará com vocês, se do íntimo não perdoarem cada um a seu irmão. (Mateus 18.21-35)

Na parábola, a posição do rei não se deu por ingenuidade ou acaso. Ele entendia que perdoar a dívida significaria não receber o valor que faltava, mas, mesmo considerando a perda, estendeu misericórdia, dispondo-se a deixar aquilo de lado completamente. A partir daquele momento, o servo estava sob uma decisão misericordiosa, uma vez que o mal que merecia por lei não lhe fora imputado.

Vemos, porém, uma reação bem diferente quando chegou o seu momento de demonstrar misericórdia. Embora tivesse recebido graça, exigiu justiça de seu próprio devedor, demandando que sua conta fosse paga. Em vez de liberá-lo, assim como fizeram com ele, requereu o que lhe era devido. Acontece que, ao exigir justiça, colocou-se sob a lei. Deu ao seu senhor o direito de julgá-lo sob os mesmos termos que havia utilizado com o homem que lhe devia.

Da mesma forma, nós somos servos do Senhor, que é misericordioso, e recebemos o perdão de nossos pecados sem merecermos. Jesus cumpriu a Lei para que, por meio de Seu sacrifício, pudéssemos viver sob a graça e não mais dever à justiça de Deus; Cristo pagou a dívida por nós. Lemos, em Romanos 7.4, o seguinte: "Assim, meus irmãos, também vocês morreram para a lei, por meio do corpo de Cristo [...]". Em Romanos 7.6, Paulo diz novamente: "Agora, porém, estamos livres da lei, pois morremos para aquilo a que estávamos sujeitos, para que sirvamos da maneira nova, segundo o Espírito, e não da maneira antiga, segundo a letra". Isso significa que os preceitos de Deus estão todos presentes na pessoa de Jesus Cristo e, uma vez que o aceitamos como nosso Senhor e Salvador, podemos viver livres das acusações e condenação. A Lei não é ruim (cf. Romanos 7.7), contudo, a misericórdia triunfa sobre o juízo (cf. Tiago 2.13).

Como bons servos e, agora, filhos, somos chamados a viver no Espírito e na graça, sendo esse um lugar mais elevado do que a condição de julgamento. Quando nos submetemos à graça do Senhor, vivemos acima da lei, e, sendo plenamente perdoados, é nosso dever também perdoar a todos.

A RECUSA DO PERDÃO

Jesus é o nosso exemplo de como viver em amor e perdão. No momento em que estava na cruz, cercado pelos homens que O colocaram ali, disse: "[...] Pai, perdoa-lhes, porque não sabem o que fazem" (Lucas 23.34). Quando deixamos de fazer o mesmo, ignorando Seus mandamentos, damos legalidade para o Diabo nos tocar, afinal, é como se estivéssemos afirmando em nossos corações: "Quero que meus pecados sejam perdoados, mas que essa pessoa seja punida".

Paulo nos adverte acerca disso em Efésios 4.26-27: "Fiquem irados e não pequem. Não deixem que o sol se ponha sobre a ira de vocês, nem deem lugar ao diabo". Quando nos recusamos a ser misericordiosos, estamos agindo de acordo com a nossa própria vontade carnal, abrindo espaço para o egoísmo, orgulho e, consequentemente, para Satanás (cf. Gálatas 5.13). Dessa forma, o Acusador, que está esperando para nos tragar (cf. 1 Pedro 5.8), encontra lugar em nossas vidas, uma vez que não estamos vivendo de acordo com vontade do Pai, e sim conforme a nossa. Como lemos na parábola de Mateus 18, o próprio Deus entrega aos carrascos aqueles que não perdoam as dívidas de quem os ofendeu (cf. Mateus 18.34-35).

Além de abrir espaço para ataques do Maligno, a falta de perdão nos afeta nos âmbitos espiritual, emocional e físico. A raiz de amargura proveniente dela tem o poder de corromper nossos corações, assim como a Palavra nos diz em Hebreus 12.15: "Cuidem para que ninguém fique afastado da graça de Deus, e que nenhuma raiz de amargura, brotando, cause perturbação, e, por meio dela, muitos sejam contaminados". Por isso, a vingança deve ser sempre entregue ao Senhor, pois a justiça está em Suas mãos, e Ele certamente lidará com aqueles que praticam o mal (cf. Romanos 12.19).

O PODER DO PERDÃO

Por outro lado, quando agimos como servos redimidos, sendo misericordiosos com outros, passamos a usufruir da liberdade em nossa alma. O perdão não beneficia somente aquele que o recebe, mas nos dá alívio e autonomia acerca de nossos próprios sentimentos, já que decidimos deixar para trás o que um dia nos causou dano. Quando somos violados, usados ou perseguidos injustamente, é possível que nos tornemos vítimas daquelas circunstâncias, remoendo pensamentos de dor por muito tempo. Mas, ao colocarmos em prática o dom do perdão, além de obedecermos ao mandamento do Pai e amarmos nossos inimigos (cf. Mateus 5.44), liberamos todo o peso e amargura de nosso próprio interior.

Isso, porém, requer de nós disposição para renunciar ao nosso senso de justiça própria e abrir mão do nosso orgulho. Além disso, para sermos como o rei da parábola, precisamos abandonar o estado de negação, encarar a verdade daquilo que foi feito contra nós e reservar um tempo para reconhecer o que foi perdido. Devemos permitir que nossa dor e perda cheguem aos pés da Cruz: "Certamente

COMO
BONS SERVOS
E, AGORA,
FILHOS, SOMOS
CHAMADOS
A VIVER NO
ESPÍRITO E
NA GRAÇA,
SENDO ESSE
UM LUGAR MAIS
ELEVADO DO QUE
A CONDIÇÃO DE
JULGAMENTO.

> **O PERDÃO NÃO BENEFICIA SOMENTE AQUELE QUE O RECEBE, MAS NOS DÁ ALÍVIO E AUTONOMIA ACERCA DE NOSSOS PRÓPRIOS SENTIMENTOS.**

ele tomou sobre si as nossas enfermidades e as nossas dores levou sobre si [...]" (Isaías 53.4). Então, cancelamos a dívida de nosso ofensor e lhe concedemos o perdão imerecido.

Eu não posso forçá-lo a perdoar alguém, nem Deus faria isso. Ele nos dá essa ordenança, mas entende que nosso coração humano, às vezes, pode demorar um pouco para perceber que esse é o melhor caminho. Ao compreender o perdão à luz da parábola que Jesus contou, adquirimos a certeza de que a coisa mais inteligente que podemos fazer é absolver, em nossos corações, aqueles que têm alguma dívida conosco. Nós entregamos um presente que eles não merecem — assim como Cristo nos presenteou.

Ao longo de nossas vidas, lidaremos com pessoas que nos causarão dor e precisaremos perdoá-las, sem dar desculpas. É possível que pensemos: "Não é justo que elas se safem". Mas pior seria se nós, que somos cristãos, permitíssemos que uma raiz de amargura brotasse em nossos corações (cf. Hebreus 12.15) e que, assim, Satanás tivesse acesso às nossas vidas. Portanto, ande na graça,

> A COISA MAIS INTELIGENTE QUE PODEMOS FAZER É ABSOLVER, EM NOSSOS CORAÇÕES, AQUELES QUE TÊM ALGUMA DÍVIDA CONOSCO.

perdoe quem não merece e, ainda que seja perseguido por estar firme no Senhor, lembre-se de que há uma recompensa celestial para você (cf. Mateus 5.10-12).

Pensar dessa forma faz com que ofereçamos perdão sem esperar nada das pessoas. Além do mais, há vários testemunhos de transformação de vidas e circunstâncias a partir da liberação do perdão. Nós não podemos esperar que se desculpem conosco pela dor que nos causaram. Mesmo que o fruto da misericórdia não seja imediato e demore muito tempo para ser colhido, nossa satisfação reside em termos paz com Deus e livre acesso a Ele, seja qual for a postura de quem nos aflige.

Ainda que não percebamos mudanças nas pessoas ou nas situações, sabemos que nossos próprios corações são transformados por meio do perdão. Colocar em prática essa ordenança não faz com que as relações voltem a ser como antes nem impulsiona aqueles que nos feriram a buscar reconciliação, mas revela que entendemos a misericórdia oferecida por Jesus e que, por isso, estamos dispostos a seguir Seu exemplo perfeito.

FAÇA ESTA ORAÇÃO

Senhor Jesus, neste momento, escolho perdoar quem me feriu profundamente. Entendo que essas pessoas não me devem coisa alguma. Portanto, voltarei ao lugar da graça de Deus sem permitir que meu coração seja levado cativo pela amargura. Dou a elas meu perdão, um presente que não merecem; pois o Senhor me perdoou primeiro. Cancelo a dívida de cada uma para comigo e lanço-as aos pés da Cruz.

Agora repreendo toda seta acusadora e legalista do Inimigo. Pelo nome de Jesus e pelo sangue do Cordeiro, proclamo que sou livre de todos os laços pecaminosos que já tive com essas pessoas. Declaro que sou liberto para andar na paz do Senhor.

Pai, eu me afasto do legalismo e escolho andar pela fé, na graça de Jesus Cristo e misericórdia conquistada por Ele para mim. Agradeço-Lhe porque sou perdoado, assim como também perdoo meus devedores (cf. Mateus 6.12). Ensine-me a andar nos Seus caminhos e ajude-me a olhar para as recompensas eternas que o perdão traz. Em nome de Jesus, amém!

PARA REFLETIR

1. Pare por um momento e peça que o Espírito Santo lhe revele: quais são as pessoas que você deve perdoar? Quais são as dívidas que elas têm com você?

2. Precisamos nos lembrar da obra da graça em nossas próprias vidas. Em quais situações você foi perdoado pelo Senhor? Pense um pouco sobre isso.

3. A amargura e o tormento do Inimigo o atingiram em algum momento? Como esses ataques se manifestaram em sua vida nos aspectos espiritual, emocional e físico?

4. Você acredita que a falta de perdão e suas consequências negativas valem a pena ou que é melhor perdoar?

Bem-aventurados OS PUROS DE CORAÇÃO:
O *VERDADEIRO EU*

08

> **BEM-AVENTURADOS OS PUROS DE CORAÇÃO, POIS VERÃO A DEUS.**
>
> (MATEUS 5.8 – NVI)

De todas as bem-aventuranças, essa é a minha favorita, pois meu maior desejo é ver a Deus. E, para alcançar tal honra, Jesus nos dá uma condição: devemos ser puros. Isso significa que, diante do anseio de ver o Senhor, precisamos entender como alcançar um coração completamente limpo.

Muitos de nós interpretamos a palavra "puro" como perfeição, mas o termo usado no texto original, em grego, é *katharos*, e alguns de seus vários significados são:

1. livre de desejos corruptos, do pecado e da culpa;
2. algo sincero e verdadeiro, livre de toda confusão e do que é falso;
3. sem culpa, inocente;
4. imaculado, sem culpa de nada.

A pureza não está relacionada a um padrão humano de perfeição ou à ausência de erros. Ser puro é manter nossos corações alinhados ao do Senhor, ansiando pelo que é verdadeiramente bom. Desse modo, nossas intenções e desejos não estarão inclinados ao mal, e, permanecendo em Cristo, seremos livres de toda acusação.

Na maior parte deste livro, falamos sobre feridas, impurezas, amargura e falta de perdão. Tratamos acerca das mentiras em que já acreditamos e, então, permitimos que o Senhor acessasse nosso coração, trazendo verdade e cura. É Ele quem purifica o nosso interior e o preenche, removendo aquilo que nos impede de receber verdadeiramente Seu amor. Neste capítulo, me concentrarei na pureza, um outro aspecto do processo de cura e restauração.

Como vimos acima, uma das dimensões da palavra "puro" é estar livre de toda confusão, daquilo que é falso, ou seja, ser sincero e verdadeiro. O desejo de Deus é que haja verdade em nós, de forma profunda (cf. Salmos 51.6). O processo de ser livre das mentiras, no entanto, pode fazer com que nos sintamos desnorteados. Ficamos como uma "lousa em branco", pois o espaço antes inteiramente ocupado pela nossa falsa identidade se esvazia. Somente quando a Verdade nos invade é que as feridas interiores são tratadas e nos despimos das ideias e perspectivas incompatíveis com quem Deus nos criou para ser. Nisso, somos preenchidos por tudo que o Pai diz a nosso respeito e nos tornamos completos n'Ele.

Já me senti assim uma vez, ao participar de um treinamento da Living Waters, em Wellington, Nova Zelândia. Pensei, erroneamente, que estava lá para aprender sobre o programa a fim de ensiná-lo a outras pessoas. O que não sabia era que eu, na verdade, **passaria** por ele, como um aluno.

Durante uma semana intensa, em que fui ensinado e ministrado, também participei de dinâmicas em pequenos grupos. Foi quando Deus começou a falar ao meu coração e a remover alguns traumas que ainda estavam ali, assim como os sentimentos negativos acarretados por eles, como fingimento, vergonha, raiva e falta de perdão. Ele me despiu dos conceitos errados que eu tinha sobre mim e das proteções que usava como escudos, para que ninguém acessasse certas partes de meu coração. Sentia-me ansioso e vazio, pois, a princípio, achava que sabia quem eu era. Isso mudou depois do treinamento, quando percebi que já não me compreendia tão bem.

Ao compartilhar a experiência com meu pequeno grupo, o líder disse em voz alta: "Que fantástico!". Pensei que ele estivesse ficando maluco e perguntei: "O que você quer dizer?". Ele respondeu: "Agora, Deus pode lhe mostrar quem você realmente é".

Embora suas palavras não tenham me confortado muito naquele exato momento, logo comecei a sentir o amor do Senhor tirando as impurezas que me impediam de ser quem Ele havia planejado. Após essa experiência, Deus começou a me guiar rumo a uma jornada de revelação da minha identidade (conforme Seu design original para mim), e posso dizer que, mesmo após muita evolução, sigo nesse processo até hoje.

QUEM SOU EU?

Existe um desejo do Pai de nos tornar puros, a fim de sermos autênticos. A pureza nos leva para mais perto d'Ele. Assim, compreendemos que o Seu plano original é que tenhamos uma mente limpa, um espírito contrito e um propósito especial, para glorificá-lO.

O Senhor criou cada um de nós individualmente e soprou em nosso interior uma alma. Olhando ao seu redor, você pode notar que cada pessoa tem seu próprio temperamento, bem como dons, talentos e habilidades; também percebe que ninguém é igual. Alguns profissionais no campo da psicologia comportamental acreditam que nascemos vazios, e as experiências de nossas vidas moldam nossa personalidade. Eu, no entanto, discordo totalmente disso. Quem já teve filhos pode atestar que as crianças são únicas e individuais desde o momento em que nascem (e mesmo até antes de nascerem).

Percebi isso com meus quatro filhos: a partir do momento em que chegaram ao mundo, mostraram suas singularidades. Meu primogênito, por exemplo, sempre foi cheio de vida e vigor. Quando pequeno, ele já tinha muita energia e permanece assim até hoje. Meu segundo filho estava tão tranquilo ao nascer que as parteiras acharam que algo estava errado. Após o parto, ele não chorou por duas horas; apenas olhou em volta e observou seu novo mundo. Hoje, ele continua sendo um jovem quieto, tranquilo e bastante observador. Minha terceira filha, desde neném, já era linda e "falava" constantemente durante toda a noite. Logo nos primeiros meses de sua vida, sabíamos que ela seria uma garota bem comunicativa, e foi justamente o que aconteceu. Por fim, nossa última filha sempre foi calorosa e cheia de amor. Enquanto ela ainda estava no útero, nós a vimos, através de um ultrassom, se mexendo por uma hora inteira (aliás, essa agitação certamente dificultou o trabalho do técnico que desejava tirar suas medidas). Ainda hoje ela permanece sendo uma pessoa enérgica e profundamente amorosa.

De forma alguma precisamos mudar quem somos para cumprirmos o propósito que o Pai designou a nós, mas, sim, viver de acordo com o Espírito, tornando-nos cada vez mais próximos de nosso design original. Nosso "verdadeiro eu" está intimamente ligado ao nosso homem espiritual, renovado por Jesus Cristo, pois a nova natureza nos presenteia com a identidade de filhos de Deus, amados por nosso Pai (cf. João 1.12). Ele também está conectado ao fato de termos sido criados com características únicas, que nos permitem viver a trajetória e o destino que o Senhor reservou para nós.

Satanás e o mundo trabalham diligentemente para corromper essa percepção, conquistada em Cristo por meio da pureza. O Inimigo procura enterrar ou distorcer nossa identidade, fazendo-nos acreditar que não somos amados e que estamos fadados ao fracasso. Quando não nos protegemos dos dardos inflamados do Maligno com o escudo da fé (cf. Efésios 6.16), deixamos que o ressentimento, a mentira e o pecado determinem quem somos.

É fundamental buscarmos a pureza que vem de Deus, para que, ao aprofundarmos nosso relacionamento com Ele, arranquemos toda e qualquer ilusão ainda existente a respeito de quem somos e do nosso propósito.

O primeiro passo para descobrirmos o nosso verdadeiro eu é reconhecermos o senhorio de Cristo, como está escrito em Romanos 10.9: "Se com a boca você confessar Jesus como Senhor e em seu coração crer que Deus o ressuscitou dentre os mortos, você será salvo". O próprio Espírito de Deus desperta o que estava morto em nós, para que nos tornemos, então, uma nova criatura

> **DE FORMA ALGUMA PRECISAMOS MUDAR QUEM SOMOS PARA CUMPRIRMOS O PROPÓSITO QUE O PAI DESIGNOU A NÓS, MAS, SIM, VIVER DE ACORDO COM O ESPÍRITO.**

(cf. 2 Coríntios 5.17) e experimentemos a nova vida que existe em Deus.

O segundo passo é a confissão de pecados. À medida que abrimos espaço ao Espírito Santo, nosso homem interior é transformado, e a escuridão que habitava em nossas mentes é vencida pela luz da verdade. Quanto mais deixamos que Jesus lave nossos pecados, mais nos tornamos semelhantes a Ele.

Em terceiro lugar, somos transformados pela renovação da nossa mente, ou seja, a maneira que pensamos é moldada conforme os parâmetros de Cristo (cf. Romanos 12.2). Desse modo, não concordamos mais com as acusações do Maligno e as mentiras do mundo; passamos a viver de acordo com a verdade de quem Deus diz que somos.

Buscar por nossa essência, através desses passos, significa acolher nossas características, permitindo que Deus as use para a Sua glória. É possível que, em nossas vidas, tenhamos enfrentado a rejeição de familiares, colegas ou da sociedade por diversos motivos; seja por não termos suprido suas expectativas a nosso respeito ou não nos considerarem bons o bastante. Como resultado desse desejo de aceitação dos outros, passamos a igualmente rejeitar aspectos de nossa personalidade, bem como os dons que foram colocados em nós por Deus.

Eu mesmo experimentei a rejeição. Em busca de aprovação, descobri que, se me moldasse às expectativas dos outros, poderia ser aceito por eles. Devido a isso, rapidamente reformulei minha imagem pessoal, na tentativa de ser mais bem acolhido no grupo em que estava inserido. Não demorou muito para que me perdesse de quem eu realmente era; foi necessário que Deus me mostrasse como eu havia suprimido minhas próprias características em troca de um lugar no mundo. Com essas revelações, que recebi ao longo da vida, o Espírito Santo me ajudou a reconhecer, novamente, a minha essência.

É fundamental oferecermos amor a nós mesmos, respeitando nossos limites e ouvindo a voz do Pai, para que não sejamos volúveis. Lucas 10.27 cita os maiores mandamentos: "[…] 'Ame o Senhor, seu Deus, de todo o seu coração, de toda a sua alma, com todas as suas forças e todo o seu entendimento.' E: 'Ame o seu próximo como você ama a si mesmo'".

Percebo que é bem fácil entender que devemos amar a Deus com todo o nosso coração, e pode ser até simples assimilar o pedido acerca de nosso próximo. Mas o que significa fazer isso "como a nós mesmos"? Nesse tempo, em que o foco na autoajuda e na autoestima tem sido intenso, as estantes de livrarias, cristãs ou

O PRIMEIRO PASSO PARA DESCOBRIRMOS O NOSSO VERDADEIRO EU É RECONHECERMOS O SENHORIO DE CRISTO.

não, estão cheias de livros que nos ensinam sobre esse autoamor. Tenho certeza de que Jesus não está falando simplesmente sobre um sentimento, que se resume a olhar-se no espelho pela manhã e dizer ao seu próprio reflexo o quanto está satisfeito com sua aparência. Por isso, devemos ir fundo nesse conceito, em busca de o entendermos com clareza.

O AMOR VERDADEIRO

Amar a si mesmo é aceitar, verdadeiramente, a forma como o Senhor o criou. Logicamente, se não nos aceitarmos, não conseguiremos estar de braços abertos para amar os outros, a quem Deus também criou de maneira especial.

Certo dia, o Senhor me desafiou sobre este assunto durante um momento de louvor na igreja. Estávamos cantando a poderosa canção "Aclame ao Senhor"[1], e, enquanto eu cantava o verso "Alegre Te louvo por Teus grandes feitos", o Espírito Santo me perguntou: "Você

---

[1] N. E.: *Shout to the Lord* foi composta por Darlene Zschech e gravada pela Hillsong Worship, em 1994. No Brasil, a canção foi traduzida e interpretada pelo grupo Diante do Trono, em 1998.

consegue cantar isso a respeito de si mesmo?". A questão me deixou intrigado, pois como poderia fazer isso sendo totalmente honesto? Sabia, no fundo, que Deus desejava que eu pudesse amá-lO de tal forma que veria a grandiosidade do Seu ato de criação em minha pessoa, sendo cheio de gratidão e livre de orgulho. Naquele dia, aprendi que deveria me ver com olhos de amor, pois só conseguiria derramá-lo sobre outras pessoas se eu mesmo tivesse esse nível de acolhimento para comigo.

Deus usa maneiras distintas para nos mostrar nosso valor; Ele nos fala sobre nosso verdadeiro eu através de Sua mansa e doce voz, da Sua Palavra e do olhar e afirmação de pessoas que se importam conosco e são nossos irmãos em Cristo.

Na correria de nossas vidas, é possível que não paremos sempre para ouvir o Espírito Santo. Somos constantemente cercados por opiniões estimulantes, diferentes umas das outras, mas somente as palavras do Senhor são capazes de aquietar nossos corações e nos dar revelações poderosas que nos mudam para sempre. Então, para conhecer a fonte do amor, necessitamos de uma vida de relacionamento com Ele e momentos para ouvir o que Ele tem a dizer a nosso respeito. Fazer nossos pedidos é importante, mas um relacionamento demanda diálogo, sendo uma via de mão dupla. Podemos falar, agradecer, pedir e clamar, porém temos, também, de parar e ouvir.

Além disso, devemos ler a Palavra, permitindo que Sua verdade nos transforme completamente.

Romanos 12.2 nos diz: "E não vivam conforme os padrões deste mundo, mas deixem que Deus os transforme pela renovação da mente, para que possam experimentar qual é a boa, agradável e perfeita vontade de Deus". As Escrituras nos dão a certeza de que o Senhor Se agrada de nós e nos ama com um amor infalível. Demorei muito para acreditar na verdade presente em Sofonias 3.17, de que Ele Se enche de júbilo por minha causa. A palavra "alegria" ou "júbilo", nesse versículo, é a palavra hebraica *giyl* (*gheel*), com isso, entendemos que o Pai "gira de alegria" por nossa causa. Que imagem poderosa de um Deus expressivo e amoroso! Se partirmos da premissa de que Ele nos ama, agrada-Se de nós, realmente gosta de quem somos e quer estar conosco, todo o nosso estudo da Sua Palavra será transformado.

Por último, devemos aceitar as afirmações e exortações daqueles que de fato nos amam e em quem confiamos. Estas devem ser pessoas maduras na fé, que nos conhecem bem e têm autoridade para falar sobre nossa vida. Podemos fazer o mesmo pelos demais, com bastante sabedoria e o devido cuidado. Essa dinâmica é importante porque os outros são capazes de perceber justamente as coisas para as quais estamos cegos (tanto positivas quanto negativas), assim como nós podemos notar o que eles não enxergam sobre si.

Por isso, em comunidade conseguimos nos enxergar melhor. Nesse sentido, a Bíblia nos diz, em Hebreus 10.24, para nos apoiarmos: "Cuidemos também de nos animar uns aos outros no amor e na prática de boas obras". Em 1 Pedro 4.10, somos convidados a servir com nossos dons específicos: "Sirvam uns aos outros, cada um conforme o dom que recebeu, como encarregados de administrar bem a multiforme graça de Deus".

É importante haver encorajamento no Corpo de Cristo. Por isso, fiz questão de encontrar amizades que gerassem vida e trouxessem edificação. Devemos ter homens e mulheres que reconheçam as coisas preciosas que Deus colocou em nós, e que sejam fortes para nos levantar e carregar os fardos que não podemos levar sozinhos.

Sei que, às vezes, pode ser difícil ouvir o que o Senhor diz através desses três métodos que citei. Fixar essas verdades em nosso coração é desafiador quando ainda carregamos em nossas mentes memórias, falas e afirmações que não correspondem à realidade de quem somos em Deus. Essas mentiras e rótulos que recebemos no passado ecoam em nós, mas é possível silenciá-los para ouvir o Espírito Santo. Quando nos dedicamos a uma entrega sem restrições, o Senhor nos faz fortes e, assim, libertos de toda mentira. À medida que nos identificamos com Cristo, permitindo que Ele nos defina, os demais rótulos começarão a desaparecer. Seremos purificados pela Verdade e impulsionados em direção à identidade de Deus para nós.

PARTE DA HISTÓRIA DE TOM: ENCORAJAMENTO

O Corpo de Cristo foi crucial para que eu superasse o pecado e fosse purificado pelo Senhor. Deus usou muitos homens e mulheres na Igreja para me encorajar e edificar, até que eu estivesse maduro para trilhar uma caminhada cristã vitoriosa. Donna, a mulher que veio a se tornar minha esposa, foi a pessoa mais usada pela graça e amor do Pai.

A princípio, eu não tinha essa revelação e tentei lutar com minhas próprias forças para vencer o pecado. Obviamente, o esforço humano não funcionou, então desisti e voltei para as drogas e o álcool. Donna, porém, persistiu em compartilhar o amor de Deus para comigo. Tentei afastá-la com respostas frias e cruéis, mas ela não recuou. Continuou a me ligar, falando sobre o amor do Pai e declarando quem eu era em Cristo à luz da Palavra. Em um desses dias, afirmou que eu era um homem segundo o coração de Deus, o que me marcou e ressoa em meu interior até hoje.

Eu realmente não queria ouvir sobre quem Deus pensava que eu era, nem sequer acreditava naquelas palavras. Mas, sem que tivesse consciência, meu espírito ansiava pela Verdade, fazendo com que as afirmações penetrassem meu coração pouco a pouco. Depois de grande insistência em me mostrar como o Senhor me desejava perto, me vi de volta à igreja, lendo a Palavra e começando a ouvir o Espírito Santo. As afirmações de

Donna fizeram-me enxergar como Deus me via, e sou profundamente grato à sua vida. Pouco depois desses acontecimentos, Donna e eu começamos a namorar e nos casamos. Hoje, tenho mais uma prova do amor do Pai por mim; Ele me deu uma esposa persistente, sensível e amorosa, que declarou minha verdadeira identidade.

PERFECCIONISMO RELIGIOSO

Outra barreira encontrada nesse processo é a religiosidade. Para alguns de nós, lares religiosos foram um empecilho; enfrentamos dificuldade de receber graça, misericórdia e amor de Deus de maneira genuína. Não estou falando de pessoas verdadeiramente espirituais, que se dedicam a alcançar o prêmio da soberana vocação em Cristo Jesus (cf. Filipenses 3.14). O real obstáculo são os ambientes abusivos e legalistas, vazios de compaixão. Se nos encontramos em lugares assim, acreditamos que nunca poderemos obter a aprovação do Senhor, independentemente do quanto tentemos.

Esforçamo-nos para sermos perfeitos, mas continuamos nos sentindo indignos de amor. Como resultado, não encontramos segurança em Deus e na igreja. Podemos acabar associando o Evangelho a um conjunto de regras cujo objetivo é nos condenar e não libertar. Tal concepção gerará uma voz crítica de constante acusação dentro de nós; em vez de nos levar ao arrependimento e à vida abundante, esse ciclo culminará em condenação e morte.

O Senhor, no entanto, não quer que caiamos na armadilha do legalismo. Colossenses 2.20-23 nos diz:

> *Se vocês morreram com Cristo para os rudimentos do mundo, por que se sujeitam a regras, como se ainda vivessem no mundo? "Não toque nisto", "não coma disso", "não pegue naquilo". Todas estas coisas se destroem com o uso; são preceitos e doutrinas dos homens. De fato, essas coisas têm aparência de sabedoria, ao promoverem um culto que as pessoas inventam, falsa humildade e tratamento austero do corpo. Mas elas não têm valor algum na luta contra as inclinações da carne.*

Tentar seguir regras, sem a graça de Deus para nos capacitar, coloca sobre nós um fardo pesado demais de ser carregado.

Além disso, o perfeccionismo religioso nos rouba o que já foi conquistado para nós. Quando aceitamos o sacrifício de Jesus, somos redimidos e nos tornamos justiça de Deus em Cristo (cf. 2 Coríntios 5.21) e nos assentamos, com Ele, em lugares celestiais (cf. Efésios 2.6). Não faz sentido desejar sermos perfeitos pelas nossas próprias forças e nos aplicarmos em obras para obter a salvação, quando já nos foi entregue o amor, a paz e a vitória em nosso Senhor e Salvador (cf. Efésios 2.8).

William J. Elliott, em seu livro *Falling into the face of God: forty days and forty nights in the Judean Desert*, afirmou o seguinte: "O Reino de Deus é como um homem em casa, dormindo em sua cama. Ele está sonhando que está longe de casa e deseja estar em casa, dormindo em sua cama".² Pode soar confuso, contudo, o que William quer dizer é que, ainda que saibamos que o Reino de Deus será estabelecido em plenitude na Eternidade, estamos vivendo-o aqui na Terra, uma vez que seguimos as verdades do Senhor. O que mais desejamos, na realidade, é algo que já está disponível a nós (cf. Lucas 17.20-21).

Uma das minhas parábolas favoritas, do filho pródigo (cf. Lucas 15.11-32), ilustra muito bem o amor do Pai, que jamais nos abandona e sempre restaura nossa essência e identidade. A maioria das pessoas geralmente se concentra no filho que foi embora, mas há três personagens distintos que são essenciais nessa história. O primeiro é o pai, que é consistente ao longo da narrativa, sempre bom, confiável, amoroso e generoso; ele faria qualquer coisa por seus filhos — exatamente como nosso Pai Celestial.

O próximo personagem é o filho pródigo, que erroneamente pega sua herança, antes da morte de seu pai, e a gasta. Por conta de suas escolhas, ele fica despedaçado, imundo e contaminado pelo mundo. Nesse estado, prefere ser um mendigo e servo na casa de seu pai a ser deixado no chiqueiro; ele nem sequer cogita a possibilidade de ser recebido como filho novamente.

---

² N. E.: William J. Elliott. *Falling into the face of God: forty days and forty nights in the Judean Desert*, 2006.

O irmão mais velho é o último personagem dessa parábola que desejo mencionar. Cego por suas boas obras e fidelidade, ele não conseguiu entender que havia uma herança completa à sua espera. Desprezou a celebração que o pai fez ao seu irmão, que há muito estava perdido, e, ao ver que o outro havia ganhado um bezerro gordo para a celebração, não reconheceu que o rebanho já era dele.

Muitos de nós fazemos o papel do filho pródigo ou do irmão mais velho. Às vezes, aceitamos a acusação e condenação do Inimigo, acreditando que fomos longe demais, e que agora o bom Pai não nos perdoará. Assim como na parábola, nós nos contentamos em ser servos, que recebem as sobras, em vez de filhos e filhas plenos em Seu glorioso Reino. Ou, semelhantes ao filho que permaneceu, cremos que ganharemos o favor do Pai por nossas boas obras e nosso suor, em vez de perceber que não precisamos lutar exaustivamente pela filiação, pois a herança já foi garantida pelo sangue de Jesus.

Vencer essas barreiras interiores, causadas pelo perfeccionismo da religiosidade, só é possível com a ajuda desse Pai Amoroso. Somente ao nos livrarmos das amarras legalistas, conseguiremos ser purificados e ver o Senhor.

A BÊNÇÃO DO PAI

Quando deixamos o Espírito nos despir das mentiras e revelar nossa real identidade, recebemos a bênção

SER PURO É
MANTER NOSSOS
CORAÇÕES
ALINHADOS
AO DO SENHOR,
ANSIANDO
PELO QUE É
VERDADEIRAMENTE
BOM.

do Pai, que é o Seu amor, vida e esperança. Esse processo, no entanto, deve ser vivido constantemente. Precisamos abandonar aos pés da Cruz os nomes, rótulos, e imagens que criamos sobre nós e que nos foram impostos.

Em Gálatas 2.20, Paulo diz: "logo, já não sou eu quem vive, mas Cristo vive em mim […]". Sempre li esse trecho com uma interpretação errada, pois pensava que essa passagem significava que, eventualmente, através de trabalho duro e esforço, eu morreria e seria aniquilado por completo. Minhas características individuais, minha história e minha personalidade se tornariam obsoletas, e, da noite para o dia, tudo o que restaria seria Jesus. Para mim, o Céu e a Eternidade estariam cheios de pessoas sem singularidades, e a criação especial, que um dia eu fui, desapareceria.

Mas essa não é a verdade. Quando lemos "[…] não sou eu quem vive […]", Paulo está falando sobre a nossa carne, o falso "eu", a nossa imagem caída, pecaminosa e corrompida da criação do Senhor. Agora, quando ele diz "[…] mas Cristo vive em mim […]", refere-se à nossa identidade redimida e reavivada por Jesus, o verdadeiro eu, planejado conforme a intenção original de Deus. O Pai não deseja aniquilá-lo nem erradicar quem você é, pois Ele o ama e já o conhecia antes de você estar no ventre de sua mãe (cf. Jeremias 1.5).

Então, não tenha medo de aprofundar-se em seu relacionamento com Deus e deixar que Ele lhe mostre e restaure a sua essência. Como eu disse no início desta lição, cada um de nós é único, e irradiaremos essa singularidade por toda a Eternidade. O Céu e a Terra não serão cheios de robôs, e sim repletos de santos diversos e únicos, com diferentes dons, talentos, habilidades e temperamentos.

Quando vivemos em pureza, alinhados a quem Deus nos fez para ser, temos a certeza de que veremos Sua face. Lembre-se de que você pode, hoje mesmo, encontrar a sua verdadeira identidade em Cristo e tornar seu interior cristalino, cheio da bondade do Pai. No Grande Dia, celebraremos quem Ele nos criou para ser: pessoas cheias da Verdade e que veem Sua face, puras de coração.

FAÇA ESTA ORAÇÃO

Deus, reconheço que perdi de vista quem fui criado para ser. Percebo que minha identidade foi manchada e distorcida tanto por mim mesmo como por Satanás e outras pessoas. Quero conhecer e andar de acordo com a Verdade, encontrando minha essência no Senhor. Pai, mostre-me os nomes, rótulos e imagens lançados sobre mim que não condizem com Seu plano original.

Pare por um tempo e deixe o Espírito Santo revelar as mentiras que foram colocadas sobre você e que não revelam verdades a seu respeito. Ouça a voz mansa e doce do Espírito Santo. Permita que essas identidades falsas sejam deixadas aos pés da Cruz, então continue a oração quando terminar.

Pai, anseio por refutar as mentiras e falsidades. Oro agora para ser livre de tudo o que não vem do Senhor. Também peço que me revele quem eu sou. Afirme as Suas verdades sobre mim e mostre-me os dons, talentos e habilidades que depositou em minha vida. Revele meu propósito, meu destino e minha verdadeira identidade.

Mais uma vez, separe um tempo para ficar em silêncio diante de Deus e permitir ao Espírito Santo falar verdades sobre você e revelar Sua intenção para sua vida. Peça a Ele que lhe mostre seus dons, talentos, habilidades, chamado e destino. Espere-O em silêncio.

Eu Lhe agradeço por Seu amor, por Suas verdades e por me purificar de todo pecado (cf. 1 João 1.7-9) e falsas visões acerca de mim. Lanço sobre o Senhor tudo o que distorce minha perspectiva e agradeço por ter me feito de maneira tão especial. Em nome de Jesus, amém!

PARA REFLETIR

1. Que nomes, rótulos e imagens Satanás ou pessoas lançaram sobre você? Tire um tempo para escrever todas as identidades falsas recebidas ao longo de sua vida.

2. De que maneiras você fingiu ser outra pessoa, negando a sua essência, para ser aceito pelos demais? Quais máscaras usa diante deles?

3. Você tende a se portar mais como o filho pródigo ou como o irmão mais velho? Que passos são necessários para abraçar sua verdadeira essência e se libertar da acusação, condenação e mentalidade de performance?

REFERÊNCIAS BIBLIOGRÁFICAS

CAPÍTULO 1

BEM-AVENTURADO. *In:* DICIONÁRIO Michaelis *on-line*. São Paulo: Melhoramentos, 2022. Disponível em *https://michaelis.uol.com.br/moderno-portugues/busca/portugues-brasileiro/bem-aventurado/*. Acesso em março de 2022.

BÍBLIA. Português. **A Bíblia anotada**: edição expandida. São Paulo: Mundo Cristão, 2007. p. 1114.

BÍBLIA. Português. **Bíblia de estudo Nova Versão Transformadora**. Tradução de Susana Klassen *et al.* São Paulo: Mundo Cristão, 2018. p. 1905.

LEONEL, Sarita; SAMPAIO, Aloísio Costa (org.). **A figueira**. São Paulo: Editora Unesp, 2011.

MACARTHUR, John. **The MacArthur New Testament Commentary**. Chicago: Moody Press, 1985.

PENES [3993]. *In*: DICIONÁRIO bíblico Strong. Barueri: Sociedade Bíblica do Brasil, 2002.

PTOCHOS [4434]. *Ibidem.*

CAPÍTULO 2

FORATTINI, Oswaldo P. No corredor da morte. **Revista de Saúde Pública**, São Paulo, v. 33, n. 1, p. 3-5, fev. 1999. Disponível em *https://www.scielosp.org/article/rsp/1999.v33n1/3-5/*. Acesso em abril de 2022.

LEWIS, C. S. **Os quatro amores**. Tradução de Estevan Kirschner. Rio de Janeiro: Thomas Nelson Brasil, 2017.

PASSARINHO, Nathalia. **Como a depressão na gravidez afeta a saúde e o comportamento dos bebês, segundo pesquisa inédita.** Publicado por *BBC News* em 18/07/2018. Disponível em *https://www.bbc.com/portuguese/geral-44879698*. Acesso em abril de 2022.

PENTHEO [3996]. *In:* DICIONÁRIO Bíblico Strong. Barueri: Sociedade Bíblica do Brasil, 2002.

STORGE [5387]. *Ibidem.*

SZEGÖ, Thais. **Desenvolvimento infantil**. Publicado por *Bebê Abril* em 14/05/2015. Atualizado em 30/03/2017. Disponível em *https://bebe.abril.com.br/desenvolvimento-infantil/seu-bebe-entende-tudo/*. Acesso em abril de 2022.

TRENCH, Richard Chenevix. **Synonyms of the New**

Testament. Grand Rapids, MI: Eerdmans Publishing Co., 1973. p. 238.

CAPÍTULO 3

BERNARD, Alan John. **Family**. Publicado por *Britannica* em 06/05/2021. Disponível em *https://www.britannica.com/topic/family-kinship*. Acesso em maio de 2022.

BROWN, F.; DRIVER, S. R.; BRIGGS, C. A. (ed.). **Brown-Driver-Briggs' Hebrew Lexicon**. Disponível em *https://biblehub.com/hebrew/1126.htm*. Acesso em março de 2022.

EASTON, M. G. **Easton's Bible Dictionary**. Disponível em *https://biblehub.com/topical/a/abba.htm*. Acesso em março de 2022.

EKTREPHO [1625]. *In:* DICIONÁRIO Bíblico Strong. Barueri: Sociedade Bíblica do Brasil, 2002.

FEITOSA, Darlyson. A preeminência da mão direita na Bíblia. **Caminhos**, Goiás, v. 8, n. 1, p. 31-44, jan./jun. 2010. Disponível em *http://revistas.pucgoias.edu.br/index.php/caminhos/article/view/1288/872*. Acesso em março de 2022.

JAYSON, Sharon. **It's time to grow up — later**.

Publicado por *USA Today* em 30/07/2004. Disponível em *https://usatoday30.usatoday.com/life/lifestyle/2004-09-30-extended-adolescence_x.htm*. Acesso em março de 2022.

MARANO, Hara Estroff. **Trashing Teens**. Publicado por *Psychology Today* em 01/03/2007. Disponível em *https://www.psychologytoday.com/intl/articles/200703/trashing-teens*. Acesso em março de 2022.

PEDRAS, Susana; PEREIRA, Maria da Graça. Experiências adversas, trauma, TEPT e comportamentos de risco na população e em veteranos de guerra. **Temas em Psicologia**, Ribeirão Preto, v. 21, n. 1, p. 139-150, jun. 2013. Disponível em *https://www.redalyc.org/pdf/5137/513751531010.pdf*. Acesso em março de 2022.

ROPER, David. **Strength under control**. Publicado por *Bible Course*. Disponível em *http://www.biblecourses.com/English/en_lessons/EN_200805_03.pdf*. Acesso em junho de 2022.

STRONG, James. **Strong's Hebrew Lexicon**. Disponível em *https://biblehub.com/hebrew/3041.htm*. Acesso em março de 2022.

CAPÍTULO 4

CHORTAZO [5526]. *In:* DICIONÁRIO bíblico Strong. Barueri: Sociedade Bíblica do Brasil, 2002.

LEWIS, C. S. **O peso da glória**. Rio de Janeiro: Thomas Nelson Brasil, 2017.

HAMARTIA [266]. *In:* DICIONÁRIO bíblico Strong. Barueri: Sociedade Bíblica do Brasil, 2002.

PEINAO [3983]. *Ibidem.*

Reformation. Publicado por *Britannica*. Disponível em: *https://www.britannica.com/event/Reformation*. Acesso em maio de 2022.

CAPÍTULO 5

7 coisas que as mulheres sauditas não podem fazer mesmo após alcançarem direito a dirigir. Publicado por *BBC News Brasil* em 28/07/2017. Disponível em *https://www.bbc.com/portuguese/internacional-414 31798*. Acesso em abril de 2022.

ARTUSO, Vicente; PINTO, Sionite Sandra Portugal Frizzas. A condição das mulheres nos tempos de Jesus e sua inclusão como participante do Reino sob a perspectiva joanina. **Relegens Thréskeia**, Paraná, v. 2,

n. 2, p. 2-9, 2013. Disponível em *https://revistas.ufpr.br/relegens/article/view/35565/21956*. Acesso em abril de 2022.

BARCLAY, William. **The gospel of Matthew**: volume I. Louisville: Westminster John Knox Press, 2001.

China inaugura novos postos para abandono de bebês. Publicado por *BBC News Brasil* em 14/02/2014. Disponível em *https://www.bbc.com/portuguese/noticias/2014/02/140217_china_abandono_postos_lgb*. Acesso em abril de 2022.

DABAQ [01692]: *In*: DICIONÁRIO bíblico Strong. Barueri: Sociedade bíblica do Brasil, 2002.

EZER [05829]. *Ibidem*.

FARIA, Emanuele Salgado *et al*. A submissão das mulheres chinesas no século XV. **Revista de Estudos Interdisciplinares**, Santa Catarina, v.1, n. 1, p. 119-126, jul./ago. 2019. Disponível em *https://ceeinter.com.br/ojs3/index.php/revistadeestudosinterdisciplinar/article/view/8/8*. Acesso em abril de 2022.

FERREIRA, Maria Luisa Candido Mazeu; SOUZA, Claudete de. Um estudo sobre a possível relação entre a violência sexual contra a mulher e a pornografia explícita na sociedade contemporânea. **Revista do Curso**

de Direito, São Paulo, v. 15, n. 15, p. 127-150, 2020. Disponível em *https://www.metodista.br/revistas/revistas-ims/index.php/RFD/article/viewFile/10922/7530*. Acesso em abril de 2022.

Índia, onde meninas nem sempre são bem-vindas. Publicado por *Gazeta do Povo* em 04/03/2007. Disponível em *https://www.gazetadopovo.com.br/mundo/india-onde-meninas-nem-sempre-sao-bem-vindas-ae1k8kfp31xjvvplik65u7qdq/*. Acesso em abril de 2022.

LARSSON E., Axel. **James Strong**. Publicado por *Drew* em 14/07/2011. Disponível em *https://uknow.drew.edu/confluence/display/DrewHistory/James+Strong#app-switcher*. Acesso em abril de 2022.

LEAL, Maria Lúcia Pinto. O tráfico de mulheres, crianças e adolescentes para fins de exploração sexual comercial. **Ser Social**, Brasília, n. 8, p. 171-186, jan./jun. 2001. Disponível em *https://periodicos.unb.br/index.php/SER_Social/article/view/12860/11231*. Acesso em abril de 2022.

STRONG, James. **Strong's Hebrew Lexicon**. Disponível em *https://biblehub.com/hebrew/5048.htm*. Acesso em abril de 2022.

CAPÍTULO 6

HUBNER, Manu Marcus. Um estudo sobre o termo *'ādām* na Bíblia Hebraica. **Revista Digital de Estudos Judaicos da UFMG**, Belo Horizonte, v. 10, n. 19, nov. 2016. Disponível em *https://periodicos.ufmg.br/index.php/maaravi/article/view/14342/pdf*. Acesso em junho de 2022.

OLIVEIRA, Mery Pureza Candido de. Consequências psicossexuais. *In:* **Abuso sexual de meninos**: estudo das consequências psicossexuais na adolescência, 2010, 101 p. Dissertação (Mestrado em Fisiopatologia Experimental) — Faculdade de Medicina, Universidade de São Paulo, São Paulo, 2010. Disponível em *https://www.teses.usp.br/teses/disponiveis/5/5160/tde-28042010-165216/pt-br.php*. Acesso em junho de 2022.

PINCHES, Theophilus Goldridge. **The Old Testament in the light of the historical records and legends of Assyria and Babylonia**. Maroussi: Alpha Editions, 2020.

ROHR, Richard. **Adam's return**: the five promises of male initiation. New York: The Crossroad Publishing Company, 2004.

VILLINES, Zawn; AKERS, Mechelle Renee. **What is covert incest?** Publicado por *Medical News Today* em novembro de 2020. Disponível em *https://www.medicalnewstoday.com/articles/covert-incest*. Acesso em junho de 2022.

CAPÍTULO 8

ELLIOTT, William J. **Falling into the face of God:** forty days and forty nights in the Judean Desert. Nashville: Thomas Nelson, 2006.

GIYL [01523]. *In:* DICIONÁRIO bíblico Strong. Barueri: Sociedade Bíblica do Brasil, 2002.

Greek Lexicon entry for Katharos. The New Testament Greek Lexicon. Publicado por *Bible Study Tools*. Disponível em *http://www.searchgodsword.org/lex/grk/view.cgi?number=2513*. Acesso em junho de 2022.

SKINNER, B. F. Introduction. *In:* **About behaviorism**. Nova York: Vintage Books Edition, 1976. p. 3-4.

ZSCHECH, Darlene. **Shout to the Lord**. Intérprete: Darlene Zschech. *In:* Hillsong Worship. *People just like us*. Sydney: Hillsong Chapel, 1994. 1 álbum, faixa 13 (50 min.).

Este livro foi produzido em Adobe Garamond Pro 12pt e impresso
pela Gráfica Promove sobre papel Pólen Natural 70g para
a Editora Quatro Ventos em dezembro de 2022.